詩歌之審美與結構

黃坤堯著

文史哲學集成
文史哲出版社印行

國家圖書館出版品預行編目資料

詩歌之審美與結構 / 黃坤堯著. -- 初版. -- 臺北市 : 文史哲, 民 85
面 ; 公分. -- (文史哲學集成 ; 371)
ISBN 957-549-036-3 (平裝)

1. 中國詩 - 評論 - 論文,講詞等

821.8 85009501

文史哲學集成 371

詩歌之審美與結構

著　者：黃　坤　堯
出版者：文　史　哲　出　版　社
登記證字號：行政院新聞局局版臺業字五三三七號
發行人：彭　正　雄
發行所：文　史　哲　出　版　社
印刷者：文　史　哲　出　版　社
臺北市羅斯福路一段七十二巷四號
郵撥〇五一二八八一二　彭正雄帳戶
電話：(〇二)三五一一〇二八
實價新台幣三四〇元

中華民國八十五年十二月初版

ISBN 959-547-036-3

詩歌之審美與結構

目次

自序

詩歌的欣賞和研究是兩回事。欣賞但隨性之所好，不求甚解，在繽紛的意象和悠揚的音韻之中，浮想聯翩，神魂搖蕩，很容易進入一個絕對主觀幽隱自由神秘的心靈空間，獲得滿足和快感。研究則是一種解剖過程，我們得把詩歌之美擱在一邊，發掘研究對象，搜集材料，展開考證，修成正果，當然也可以自得其樂了。

詩歌研究一直是我的興趣。平常讀詩但求感動，不一定有研究意圖。研究表現個人的志趣和觀點，選題最難。熱門的題目難有發揮突圍的機會；冷門的題材資料不多，易於駕馭，缺點則是自說自話，很難引發大家的討論。不過詩歌本來就是象牙塔裏小衆的珍玩，如果我們安於恬淡，不管熱門冷門，認眞做好分內的工作，也就釋然了。

本書選輯已發表的詩歌論文十二篇。諸文撰寫的年代不同，發表的刊物各異，所以體例未盡劃一。至於內容兼賅古今，也很龐雜。我的興趣廣泛多變，不限於一家一派一體一類，甚至更喜歡翻新口味和感覺。書成之後，名之曰《詩歌之審美與結構》，也許可以反映我在過去十多年來的研究方向。

詩歌是一種審美活動，我們從欣賞和研究中交流審美經驗，而結論可不太重要。因爲審美的標準歷代不同，各地不同，甚至連我們昨日今日明日的感覺可能也有所變化，我們能掌握的只是一時一地的風采。例如陸機的《擬古詩》，在主題表達方面可能沒有多大意義，但是陸機能夠在技法上推陳出新，挑戰《古詩》，寫出了不同的美感，豐富詩歌的表現方式，自然也是藝術上的突破。郭璞《遊仙詩》幻化出人間諸色，所謂仙界不只是動人的玄思，心誠求之，也是我們可觸可感的心靈世界；吳文英的節令詞是一幅幅優美浪漫的南宋風俗畫，將江南煙水迷離的風光傳說和個人刻骨銷魂的感情想像結合起來，也就揭示了《夢窗詞》永恆迷人的魅力了；黃侃的《登高》絕筆寫在國家多難的三十年代，悲歌慷慨，自然也是詩人苦心營造眞摯動人的感情世界；汪中從書法靈動之美中悟出詩話藝術的意境和神韻，媚采幽姿，森秀在骨，更是嶄新的表現形式。以上四文探討詩歌的美感因子，內容和形式固然有待不斷的開拓，但我們更不能忽視超現實的感官世界。至於末篇的《詩境構擬》，我只希望能用平實淺易的語言構築詩歌的境界，在紅塵綠靄中舍筏登岸；我將詩境分爲五種類型：物境反映生活細節、情境抒發感情想像、事境描寫時代風雲、意境表現心靈世界、理境刻劃人生理趣。

詩歌藝術具有嚴密的結構。抽象派隨意塗抹彩色，自有才學膽識支配沈鬱的氣勢，波瀾壯闊。大自然的天文地理、花瓣獸皮，在斑斕的彩色中，我們也可以悟出對稱之美。至於日月星辰、春夏秋冬，循環交替，更表現出森嚴的秩序。人類社會中的法律條文、倫理禮儀、言行結社、交通規則、體育活動、舞蹈韻律等，在嚴肅中顯活潑，在制衡中表流動，自也反映文化秩序理性的美。

詩歌結構是可以從多方面來觀察的。例如字詞的選擇、意象的構成、感情的表現、篇章的安排等，都在嚴密的組織中表現出巧思。因難見巧，因巧見意，我們在繁複的結構中顯出藝術的奧義。詩歌深受樂曲的影響，例如調式的重複、和聲的形態等都可以豐富語言的表現方式，《詩經》和唐五代詞的聲詩作品保留很多足供我們探尋的原始韻律結構，追溯早期的創作靈感。在其他篇章中，唐代的長調和宋代慢詞體製不同，韻律各異；而詞體也從律化到反律化的過程中，創製出新穎的音感。中晚唐的齊梁體借復古以創新，有意改造律詩的音調，可惜並不成功。唐詩在流傳過程中衍生大量的異文，改字鍊意，精益求精。周濟的詞學分爲尊體論、寄託論、創作論、批評論、源流論五項，具有完善的理論體系。諸文雖以考證爲主，其實更有意探索詩歌的理論結構，交流經驗。

《詩經》創作與音樂形式

《詩經》與音樂的關係，若即若離。相傳古代遒人振木鐸，採錄民歌，交周王朝的樂官整理，以觀風俗，知得失。這些樂章經孔子刪訂，選爲教材，也就是後代的《詩經》了。孔子以六經教育弟子，除了《詩經》外，尚有《樂經》；①本來《詩經》是《詩經》，《樂經》是《樂經》，應該算作兩種不同的教材。後來《樂經》經秦火亡佚，而《詩經》除《國風》外，還錄存《雅》《頌》的作品，也就保存周王朝一大批的歌詞資料了。所以有人認爲《樂經》未亡，《樂經》就保存在《詩經》之中，說起來好像也有道理，卻未免本末倒置了。此外，在文學發展的過程中，詩和樂的關係千絲萬縷，十分密切。詩既有音樂的節奏，更含有語言的節奏；詩重視聲音精微的感覺，更注重語言明確的意義。但詩歌畢竟是語言的藝術，著重表現語言的韻律和節奏，由具體的意義塑成意象境界；而音樂則是音符的流動和組合，著重表現聲音的旋律和節拍，利用象徵和感覺發揮感情想像。詩與樂同具聲音、感情和節奏等要素；但語言是有意義的，音符則沒有；語言的情緒鮮明，聲音只能聯想；這是兩者最基本的差異。②

詩歌不同於音樂，性質各異。《詩經》裏的作品由語言寫成，自然具有文學的特點。但無可否認，《詩經》裏有些作品原是合樂的歌詞，有些則是民歌，再經過文人潤飾而成。至於潤飾以後能不能唱，這就很難說了，可能有些只保留詩的形式，誦而不歌。現在我們所見的《詩經》，《風》《雅》《頌》的語言互有不同，固然與詩代、地域、作者、方音有關，可能也受了音樂的影響。《周頌》只有單章結構，很多還不押韻，句式也不太整齊，大抵保留原始歌詞的形貌，語言只是樂曲的附庸，顯得比較粗糙。《國風》章法整齊中顯變化，變化中又有一定的規律，和聲很多，章節迴蕩，詩的語言吸納了若干的音樂形式，搖曳有致，特別具有節奏感。二《雅》樸實有餘，動感不足，似乎界於《風》與《頌》之間，然而歌詞也只是用來闡釋樂曲的含意，語言的表現不足。或者我們可以這麼說，歌詞愈受樂曲主題的制約，詩質愈稀薄。《國風》中的詩歌只是吸納了若干的音樂形式，專心營造語言，不刻意表現樂章的主題，意象紛繁，聲情流麗，自然佳作也多了。

《詩經》除了創作之外，可能還有一個翻譯的過程。例如《說苑》所載的《越人歌》，原本只是一連串越語聲音，其後譯爲楚語，也就成了一首詩，誦而不唱了。歌云：

今夕何夕兮，搴中洲流。今日何日兮，得與王子同舟。（幽部）
蒙羞被好兮，不訾詬恥。心幾頑而不絕兮，知得王子。（之部）
山有木兮木有枝，心說君兮君不知。（支部）③

因此《詩經》裏的作品有些是詩作，有些是歌詞，甚至是翻譯的歌詞。無論創作或翻譯，詩人除了創新意象，鑄鍊感情以外，似乎還有意創作和聲，構建章節，明顯地是受了音樂形式的影響，表現出不同於後代詩歌的審美傾向。張世彬列舉《詩經》的曲式，除了《周頌》及《商頌》的單章作品以外，其他兩章以上的計有《國風》廿二式、《小雅》三十四式、《大雅》廿六式、《魯頌》四式、《商頌》二式。張世彬認爲「單純重複的爲數最多；其次則屬變化重複。這一點足以看出周人最喜用重複的手法。而在單純重複之中，又以『三成』（AAA）的佔多數，這就是《樂記》上所說『一唱而三歎』的最佳例證。又在西方近世常用曲式之中，如二段式、三段式、迴旋曲式等，周人已經用到。至於其中比較特殊的曲式試驗，例如《小雅·十月之交》（一九三）的AAABACAD，《大雅·大明》（二三六）ABCBCBCB和《卷阿》（二五二）的ABBBAACCAA等，都很有意思，實在是值得現代作者參考的。」④這正足以看出《詩經》創作的章節結構所受樂曲的影響，而上引《越人歌》剛好就是一首三段式ABC的例子。楊蔭瀏也曾分析《風》《雅》的曲式，共有十種：

㈠一個曲調的重複——例如《國風·周南》中的《桃夭》。（六）

㈡一個曲調的後面用副歌——例如《國風·召南》中的《殷其靁》。（一九）

㈢一個曲調的前面用副歌——例如《國風·豳風》中的《東山》。（一五六）

㈣在一個曲調的重複中間，對某幾節音樂的開始部分，作一些局部的變化；這種手法，在後來的發展中間，稱爲「換頭」——例如《小雅》中的《苕之華》（二三三）是在第三節上用換頭。又如《國風·秦風》中的《車鄰》（一二六），在第二、第三節上用了更加發展的換頭手法。

(五)在一個曲調的幾次重複之前，用一個總的引子——例如《國風・召南》中的《行露》。（十七）

(六)在一個曲調的幾次重複之後，用一個總的尾聲——《國風・召南》中的《野有死麕》。（二三）

(七)兩個曲調各自重複，聯接起來，構成一個歌曲——例如《國風・鄭風》中的《丰》（八八）。《小雅》中的《魚麗》（一七〇）也是用同樣的形式。

(八)兩個曲調有規則地交互輪流，聯成一個歌曲——例如《大雅》中的《大明》。（二三六）

(九)兩個曲調不規則地交互輪流，聯成一個歌曲——例如《小雅》中的《斯干》。（一八九）

(十)在一個曲調的幾次重複之前，用一個總的引子；在其後，又用一個總的尾聲——例如《國風・豳風》中的《九罭》。（一五九）⑤

楊蔭瀏辨析歌曲的調式及其組合方式，並分出了副歌、換頭、引子和尾聲等不同的章節結構，抉發《詩經》創作的藝術意蘊。本文擬透過詩歌的調式與韻式區別《詩經》的章節結構，從而探討《詩經》創作與音樂形式的關係，主要分爲虛聲與和聲、重章換韻及無韻詩三項。

虛聲與和聲

歌曲有基本音（fundamental notes）和裝飾音（grace notes）之分。詩一般只有基本音，無論新詩舊詩，裝飾音只是爲了表達特殊的感情效果才用，例如李白《蜀道難》的「噫吁戲危乎高哉」之類。歌詞和詩的基本音都有具體的意義。裝飾音有虛有實，虛的只用來裝飾基本音，補足節拍，沒有意義，前人稱之爲虛聲、泛聲、散聲、繁聲、纏聲等；實的大多有詞有句，有固定位置，由他人幫腔伴唱，講求一種立體聲的效果，古人稱之爲和聲、送聲等。⑥如果《詩經》的創作只是一首首單純的詩，那麼詩人可以不必寫入太多的裝飾音，現在《詩經》裏有很多的虛聲與和聲，自然可以看作歌詞的裝飾音了。

《詩經》的虛聲不容易保存，現在已沒有多少痕跡了。也許句尾的虛字可以視作一種虛聲，主要用來補足節拍，而韻腳則落在句中倒數第二字上。常見的有「之」、「兮」、「矣」、「也」、「止」、「思」、「忌」、「只」、「焉」、「哉」、「與」、「乎而」、「我」、「女」（「汝」）等十四種形式。⑦顧炎武稱之爲「句之餘」⑧，乃詩中語助之辭。例如《齊風·著》（九八）：

俟我於著乎而。充耳以素乎而。尚之以瓊華乎而。（魚部）

俟我於庭乎而。充耳以青乎而。尚之以瓊瑩乎而。（耕部）

俟我於堂乎而。充耳以黄乎而。尚之以瓊英乎而。（陽部）

又如《鄭風·大叔于田》（七八）第二、三章的後半段：

叔善射忌。又良御忌。（魚部）抑磬控忌。抑縱送忌。（東部）

叔馬慢忌。叔發罕忌。（元部）抑釋掤忌。抑鬯弓忌。（蒸部）

以上「乎而」、「忌」都是比較罕見的虛詞，有聲無義，也就是歌曲中的虛聲，可能跟方音有關。其他「之」、「兮」等虛詞則通行全國，《詩經》例句極多，不必舉列。此外《邶風》「日居月諸」（

魚部）一句分別見於《柏舟》（二六）及《日月》（二九），「居」「諸」都是語尾助詞，疊韻無義。又如《旄丘》（三七）「瑣兮尾兮」「叔兮伯兮」、《簡兮》（三八）「簡兮簡兮」等句，只用一個「兮」字，重疊無義，未嘗不可以視作虛聲，修飾歌詞或詩句的音節。

《詩經》的和聲特多，爲了便於形式上的辨認，一般是指重複出現的章節結構說的，或一句，或兩句，或一章，或兩章，計有句首和聲、句中和聲、句末和聲三種；這些和聲可以押韻，也可以不押韻。又有單章和聲一種，多見於《周頌》的作品中，則是指詩歌中一些不押韻的章節結構說的。

1.句首和聲。指每章前面重複出現的章節結構。例如《邶風．式微》（三六）：

式微式微。胡不歸。（微部）微君之故。胡爲乎中露。（魚鐸通韻）

式微式微。胡不歸。（微部）微君之躬。胡爲乎泥中。（冬部）

此詩共兩章，每章兩句。首二句或可視作和聲，用韻自成一部。其他例子如：

《周南．葛覃》（二）：「葛之覃兮，施于中谷。」第一至二章。

《豳風．東山》（一五六）：「我徂東山，慆慆不歸，我來自東。零雨其濛。」四章。（東部）

《小雅．瞻彼洛矣》（二一三）：「瞻彼洛矣，維水泱泱。」三章。

《大雅．泂酌》（二五一）：「泂酌彼行潦，挹彼注茲。」三章。

《大雅．蕩》（二五五）：「文王曰咨，咨女殷商。」第二至八章。

《魯頌．駉》（二九七）：「駉駉牧馬。在坰之野。薄言駉者。」四章。（魚部）

以上諸詩都以相同的句式開頭，或者可以視作句首和聲，由他人反覆引唱。楊蔭瀏稱單章者爲「引子」，多章者爲「副歌」，則例證更多了。

2.句中和聲。這些和聲疊唱其中一二句，例如《召南．江有汜》（二二）：

江有汜。之子歸，不我以。不我以。其後也悔。（之部）
江有渚。之子歸，不我與。不我與。其後也處。（魚部）
江有沱。之子歸，不我過。不我過。其嘯也歌。（歌部）

《齊風．東方之日》（九九）：

東方之日兮。彼姝者子，在我室兮。在我室兮。履我即兮。（質部）
東方之月兮。彼姝者子，在我闥兮。在我闥兮。履我發兮。（月部）

《小雅．庭燎》（一八二）：

夜如何其。夜未央。庭燎之光。君子至止。鸞聲將將。（之部／陽部）
夜如何其。夜未艾。庭燎晣晣。君子至止。鸞聲噦噦。（之部／月部）
夜如何其。夜鄉晨。庭燎有煇。君子至止。言觀其旂。（之部／文部）

其中《江有汜》三章中間的「不我以」、「不我與」、「不我過」各疊前句；《東方之日》二章的「在我室兮」、「在我闥兮」亦疊前句；都可能是句中和聲。如果不算在詩歌的基本音內，則諸詩每章四句，非常整齊。又《庭燎》「夜如何其」、「君子至止」二句不但反覆疊唱，詩句本身也自押古韻之部，也許可以視作分拆的和聲結構。此外《小雅・魚麗》（一七〇）的句中和聲也很特別：

魚麗于罶。鱨鯊。君子有酒。旨且多。（幽部／歌部）

魚麗于罶。魴鱧。君子有酒。多且旨。（幽部／脂部）

魚麗于罶。鰋鯉。君子有酒。旨且有。（幽部／之部）

物其多矣。維其嘉矣。（歌部）

物其旨矣。維其偕矣。（脂部）

物其有矣。維其時矣。（之部）

此詩前後兩用歌部、脂部、之部三韻，從韻部看來，每組可以兩兩合併。這是不是由於調協歌曲的旋律而分拆呢？我不敢說。但兩兩合拼的結果則詩意及詞語都貫串在一起，形式比較完整。詩中「魚麗于罶」、「君子有酒」兩句也自押幽部，韻式與《庭燎》相似。楊蔭瀏則說是兩個曲調各自重複，再聯接起來構成一個歌曲，雖然也有道理，但可能忽視內部的韻式結構了。

3. 句末和聲。這一類和聲例子最多，而且幾乎全集中於《國風》中。《周南・漢廣》（九）：

南有喬木，不可休思。漢有游女，不可求思。（幽部）漢之廣矣。不可泳思。江之永矣。不可方思。（陽部）

翹翹錯薪，言刈其楚。之子于歸，言秣其馬。（魚部）漢之廣矣。不可泳思。江之永矣。不可方思。（陽部）

翹翹錯薪，言刈其蔞。之子于歸，言秣其駒。（侯部）漢之廣矣。不可泳思。江之永矣。不可方思。（陽部）

詩中「漢之廣矣」以下四句全押古韻陽部，反覆詠唱，自當視作歌曲中的和聲。詩一般不必反覆申說，講究簡練。歌詞要表現樂曲旋律，加強聽衆的立體感覺，也就必須加插和聲了。楊蔭瀏稱單章者爲「尾聲」，多章者爲「副歌」；一般只以章爲單位。我們認爲單章的可能是和聲，也可能是不同的調式，暫時未予算入。此外單句反覆詠唱的也可以算作和聲，《詩經》例子尚多，例如：

《周南・麟之趾》（一一）：「于嗟麟兮。」三章。

《召南・殷其靁》（一九）：「振振君子。歸哉歸哉。」三章。（之部）

《召南・騶虞》（二五）：「于嗟乎騶虞。」二章。

《邶風・北門》（四〇）：「已焉哉，天實爲之。謂之何哉。」三章。（歌部）

《邶風・北風》（四一）：「其虛。其邪。既亟只且。」三章。（魚部）

《鄘風・柏舟》（四五）：「母也天只。不諒人只。」二章。（眞部）

《鄘風・桑中》（四八）：「期我乎桑中。要我乎上宮。送我乎淇之上矣。」三章。（冬部）

【「上」字不押韻】

《衛風・芄蘭》（六〇）：「容兮遂兮。垂帶悸兮。」二章。（物質合韻）

《衛風・木瓜》（六四）：「匪報也。永以爲好也。」三章。（幽部）

《王風・黍離》（六五）：「知我者謂我心憂。不知我者謂我何求。（幽部）悠悠蒼天。此何人哉。」三章。（眞部）

《王風・君子陽陽》（六七）：「其樂只且。」二章。

《王風・揚之水》（六八）：「懷哉懷哉。曷月予還歸哉。」三章。（微部）

《鄭風・緇衣》（七五）：「適子之館兮。還。予授子之粲兮。」三章。（元部）

《鄭風・褰裳》（八七）：「狂童之狂也且。」二章。

《鄭風・溱洧》（九五）：「女曰觀乎。士曰既且。且往觀乎。（魚部）洧之外，洵訏且樂。維士與女，伊其相謔。贈之以勺藥。」二章。（藥部）【第二章「相謔」作「將謔」，稍異】

《魏風・園有桃》（一〇九）：「彼人是哉。子曰何其。心之憂矣。其誰知之。其誰知之。蓋亦勿思。」二章。（之部）

《唐風・椒聊》（一一七）：「椒聊且。遠條且。」二章。（幽部）

《唐風・杕杜》（一一九）：「嗟行之人，胡不比焉。人無兄弟。胡不佽焉。」二章。（脂部）

《唐風・有杕之杜》（一二三）：「中心好之，曷飲食之。」二章。

《唐風・采苓》（一二五）：「舍旃舍旃。苟亦無然。人之爲言。胡得焉。」三章。（元部）

《秦風・黃鳥》（一三一）：「臨其穴。惴惴其慄。（質部）彼蒼者天。殲我良人。如可贖兮，人百其身。」三章。（眞部）

《秦風・晨風》（一三二）：「如何如何。忘我實多。」三章。（歌部）

《秦風・權輿》（一三五）：「于嗟乎。不承權輿。」二章。（魚部）

《小雅・緜蠻》（二三〇）：「飲之食之。教之誨之。命彼後車，謂之載之。」三章。（職之通韻）

《大雅・文王有聲》（二四四）「文王烝哉」，「王后烝哉」，「皇王烝哉」，「武王烝哉」各二章，全詩共八章。

《魯頌・有駜》（二九八）：「于胥樂兮。」三章。

以上的單句和聲，以及一些沒有押韻的句首和聲與句末和聲，顧炎武稱之爲「章之餘」⑩；段玉裁認爲數章相連可以自成一韻⑪；王力則訂爲遙韻；都是指隔章押韻。其實這並不能解決問題，我們把它視作和聲也許更能凸顯《詩經》句法的特點及其所受音樂形式的影響。至於那些有押韻關係的句末和聲，王力也視作尾聲，說是「詩篇的副歌，以同一形式出現在每章的末尾。」⑫這就跟我們所說的和聲差不多了。尾聲和遙韻應該是指同一性質的和聲，不必因押韻不押韻而分爲兩類。和聲該按形式分類。此外《桑中》、《黍離》、《溱洧》、《園有桃》、《杕杜》、《采苓》、《黃鳥》、《緜蠻》諸詩的和聲都比較長，幾乎等同一章，有時還押兩部韻，似跟原作對唱。《溱洧》可能還兼具舞容，又唱又跳，十分熱鬧。

4. 單章和聲。《國風》只有一例，《周頌》則例子較多。由於《周頌》都是單章作品，缺少對比的對象，我們無法通過章節結構來考察詩歌中的和聲。暫時只能依詩意判斷或押韻特點把它跟正文分開，談不上甚麼具體的證據。《邶風・簡兮》（三八）：

簡兮簡兮，方將萬舞。日之方中，在前上處。（魚部）
碩人俁俁。公庭萬舞。有力如虎。執轡如組。（魚部）
左手執籥。右手秉翟。赫如渥赭，公言錫爵。（藥部）
山有榛。隰有苓。云誰之思，西方美人。彼美人兮。西方之人兮。（眞部）

《周頌・烈文》（二六九）：

烈文辟公。錫茲祉福，惠我無疆。子孫保之，無封靡于爾邦。
維王其崇之。念之戎功。繼序其皇之。（東陽合韻）
無競維人。四方其訓之。不顯維德，百辟其刑之。（眞文耕合韻）
於乎前王不忘。（陽部）

《周頌・我將》（二七二）：

我將我享（陽部）。維羊維牛。維天其右之。（之部）
儀式刑文王之典，日靖四方。伊嘏文王。既右饗之。（陽部）
我其夙夜畏天之威，于時保之。（無韻）

《簡兮》第四章較其他三章多兩句，「彼美人兮。西方之人兮」兩句承上句同用「人」字爲韻，顯然在於加強語氣，似屬單章和聲。又「山有榛，隰有苓」兩句依楊蔭瀏說則爲歌曲換頭，《秦風·車鄰》（一二六）第二、三章換頭分別作「阪有漆，隰有栗」及「阪有桑，隰有楊」正與《簡兮》相似；這樣後面四句剛好構成一章，同用「人」字爲韻，也就沒有和聲了。《烈文》隨意押韻，甚至n、ŋ尾不分，當是早期歌曲的特點，末句「於乎前王不忘」可能不押韻，也可能遙押陽部，今訂作單章和聲。《我將》先押之部、陽部，結尾則不押韻。《周頌》例子尚多，應該可以看作單章和聲。例如：

《周頌·天作》（二七〇）：「子孫保之。」（無韻）

《周頌·時邁》（二七三）：「我求懿德，肆于時夏，允王保之。」（無韻）

《周頌·思文》（二七五）：「貽我來牟，帝命率育，無此疆爾界，陳常于時夏。」（無韻）

《周頌·訪落》（二八七）：「休矣皇考，以保明其身。」（無韻）

《周頌·載芟》（二九〇）：「匪且有且，匪今斯今，振古如茲。」（無韻）

《周頌·良耜》（二九一）：「續古之人。」（無韻）

以上《周頌》各詩跟後代詩歌的押韻方式不同，我們暫時訂作單章和聲，否則無法解釋末章不押韻的現象。其實這些例子跟句末和聲的性質相似，句末和聲有章法可循，而單章和聲則要憑韻式判斷了。

重章換韻

詩以表達意義及感覺爲主，不拘長短。歌曲要通過時間來傳遞感覺，時間不能太短。長歌固然可以一氣呵成，短歌則要靠反覆的歌唱才能喚起聽衆的感覺，讓旋律迴蕩於心中；現在教堂裏的聖詩或頌歌一唱再唱，主要也是拖長時間。詩的連章可以表達不同的意義，不同的感覺，例如杜甫《秋興》八首各有主題，獨立出來也自有其獨特的藝術生命。但歌曲當以旋律爲主體，歌詞只是輔助性的，似乎不一定要表現具體的意義。《詩經》重章疊唱的作品很多，反覆表達相近的意義，加強感覺，聲情迴蕩。其中有些作品還只是變換一兩個字，即成一章，《國風》中尤多這類創作，也許這比反覆重唱爲好。很多時變換的字往往就是韻腳所在，讀起來另有感覺。古詩人借用歌曲重唱的特點，轉化爲詩的章法，用心良苦。後人寫詩很少再用重章換韻，缺少一唱三歎之妙，而旋律感也就日漸枯竭了。

《詩經》的章句結構有兩大類型：直線型的詩歌用的是文學語言，敘述事理，表現意義；歌詞配合樂曲的主題，而結構上則沒有跟樂曲融爲一體，《詩經》大部分作品屬之。迴蕩型的詩歌用的是音樂語言，反覆歌唱，表現節奏，歌詞的章節融入樂曲的旋律當中，《詩經》中一部分的《國風》作品屬之。根據傳統《毛詩》的章句分析，《周頌》三十一首，短者《維清》五句，長者《載芟》三十一句，全都只有一章；一般以七、八句最多，看來像是散文，歌詞但求達意，禱告心聲。《商頌》四首，其中三首都是一章二十二句，近於《周頌》的形式，但分韻比較清楚，可能經過後代的加工。《大雅》三十一首，從三章到十六章都有，其中五至八章最多；每章各有主題，著重鋪敘，多屬長歌或長詩。《小雅》七十四首，其中三至八章者佔七十首，其他二章、九章、十章、十三章者各一首，闡釋樂曲的主題，詩意也很明確。《魯頌》界於《風》、《雅》之間，章句結構已能融入音樂的旋律當中。以上這些作品多屬直線型。《國風》章句靈活，著重表現整體的節奏和感覺，不求甚解。其中重章換韻更是一種獨特的創作方式，有些作品只要輕輕變換了韻字，即可收到並列、排比、層遞、轉折等的修辭效果。迴蕩型的章句結構似乎沒有加添多少語義，但一唱三歎，自然搖曳，詩歌的節奏感也就強烈得多了。《周南・芣苢》（八）：

采采芣苢，薄言采之。采采芣苢，薄言有之。（之部）

采采芣苢，薄言掇之。采采芣苢，薄言捋之。（月部）

采采芣苢，薄言袺之。采采芣苢，薄言襭之。（質部）

《芣苢》只換了六個動詞，也就代表一連串婦女採摘車前草的動作，詩人只是歌詠自然，沒有刻意點明主題；至於詩中的微言大義則有待讀者去詮釋了。其他類似的作品尚多，例如《周南・樛木》（四）、《螽斯》（五）、《麟之趾》（一一）、《召南・鵲巢》（一二）、《甘棠》（一六）、《殷其靁》（一九）、《騶虞》（二五）、《邶風・式微》（三六）、《鄘風・柏舟》（四五）、《牆有茨》（四六）、《桑中》（四八）、《衛風・考槃》（五六）、《芄蘭》（六〇）、《有狐》（六三）、《木瓜》（六四）、《王風・黍離》（六五）、《君子陽陽》（六七）、《揚子水》（六八）、《兔爰》（七〇）、《葛藟》（七一）、《鄭風・緇衣》（七五）、《叔于田》（七七）、《遵大路》（八一）、《山有扶蘇》（八四）、《蘀兮》（八五）、《狡童》（八六）、《褰裳》（八七）、《揚之水》（九二）、《齊風・還》（九七）、《著》（九八）、《東方之日》（九九）、《盧令》（一〇三）、《

敝笱》（一〇四）、《魏風・汾沮洳》（一〇八）、《陟岵》（一一〇）、《十畝之間》（一一一）、《伐檀》（一一二）、《唐風・椒聊》（一一七）、《綢繆》（一一八）、《杕杜》（一一九）、《羔裘》（一二〇）、《有杕之杜》（一二三）、《采苓》（一二五）、《秦風・黃鳥》（一三一）、《陳風・東門之池》（一三九）、《東門之楊》（一四〇）、《月出》（一四三）、《檜風・隰有萇楚》（一四八）、《豳風・破斧》（一五七）等都是。這裏很多詩都帶有和聲，音樂感更加強烈了。《國風》以外，其他只有《小雅・黃鳥》（一八七）一詩屬於重章換韻之例，但各章「不我肯穀」、「不可與明」、「不可與處」一句換字亦多，比不上《國風》諸詩整齊。

在重章換韻的結構中，《詩經》還有一些作品爲遷就韻腳，詩人故意顚倒詞語，增加章節。例如《周南・桃夭》（六）：

桃之夭夭，灼灼其華。之子于歸，宜其室家。（魚部）
桃之夭夭，有蕡其實。之子于歸，宜其家室。（質部）
桃之夭夭，其葉蓁蓁。之子于歸，宜其家人。（眞部）

《召南・羔羊》（一八）：

羔羊之皮。素絲五紽。退食自公，委蛇委蛇。（歌部）
羔羊之革。素絲五緎。委蛇委蛇，自公退食。（職部）
羔羊之縫。素絲五總。委蛇委蛇，退食自公。（東部）

《鄭風・丰》（八八）：

子之丰兮。俟我乎巷兮。悔予不送兮。（東部）

子之昌兮。俟我乎堂兮。悔予不將兮。（陽部）

衣錦褧衣，裳錦褧裳。叔兮伯兮，駕予與行。（陽部）

裳錦褧裳，衣錦褧衣。叔兮伯兮，駕予與歸。（微部）

《唐風・鴇羽》（一二一）：

肅肅鴇羽。集于苞栩。王事靡盬。不能蓺稷黍。父母何怙。悠悠蒼天，曷其有所。（魚部）

肅肅鴇翼。集于苞棘。王事靡盬。不能蓺黍稷。父母何食。悠悠蒼天，曷其有極。（職部）

肅肅鴇行。集于苞桑。王事靡盬。不能蓺稻粱。父母何嘗。悠悠蒼天，曷其有常。（陽部）

《桃夭》中「室家」和「家室」掉換，「家人」則由「家室」類推而來。《羔羊》「退食自公，委蛇委蛇」描寫醉態傳神，但兩句換來換去，實有湊韻之嫌，相對於前面三組精細的描寫，後面兩句可以說是比較拙樸了，有點像和聲的性質。文學語言還是以多些變化爲好。《丰》可以說是由兩個曲調組成，第一、二章是一般的重章換韻，第三、四章首兩句剛好掉換以增一韻。《鴇羽》第一、二章的「稷黍」「黍稷」大概是想不到適合的詞語跟「稻粱」配合而出此下策。其他尚有《鄘風・鶉之奔奔》（四九）、《齊風・東方未明》（一〇〇）第一、二章、《唐風・葛生》（一二四）第四、五章及《曹風・下泉》（一五三）第一、二章、《小雅・鴛鴦》（二一六）第一及二章、第三及四章、《魚藻》（

二二一）第一及二章、《瓠葉》（二三一）第二、三、四章等詩也有類似的現象，可以看出明顯的拼湊痕跡。⑬

此外《詩經》的作者有時也會利用數字推動情節，深化詩義。例如《鄘風・干旄》（五三）：

孑孑干旄。在浚之郊。（宵部）素絲紕之。良馬四之。彼姝者子，何以畀之。（脂質通韻）
孑孑干旟。在浚之都。（魚部）素絲組之。良馬五之。彼姝者子，何以予之。（魚部）
孑孑干旌。在浚之城。（耕部）素絲祝之。良馬六之。彼姝者子，何以告之。（覺部）

《王風・采葛》（七二）：

彼采葛兮。一日不見，如三月兮。（月部）
彼采蕭兮。一日不見，如三秋兮。（幽部）
彼采艾兮。一日不見，如三歲兮。（月部）

《干旄》的四、五、六寫贈禮的逐漸加厚，且配合這些數字來押韻，更能表現詩人的誠意。《采葛》用誇張的手法寫思念之情，一日不見已很痛苦，那麼三月、三秋和三歲也就更加強烈了；上文所采的葛、蕭、艾等只是押韻需要，沒有特別的意義。其他尚有《召南・摽有梅》（二〇）、《唐風・無衣》（一二二）等。

無韻詩

樂曲的起調畢曲都有一個基音（tonic），一般置於樂句的結尾，或樂拍的中間，主要是調協聲情，前後應和，使歌曲有一個重心。唐宋詞所配燕樂二十八調各有基音，或稱殺聲、住字、結聲等；例如正宮殺聲用「六」字，大石調用「四」字，皆由歌曲所用的宮調決定，否則不會協律。歌詞中的韻相當於樂曲中的基音，主要用來調協語言的節奏。⑭張世彬論韻說：「韻是以相近的聲音，使前句和後句於聲音上發生聯繫，互相應和而產生一種和諧悅耳的效果。因聲音有近與不近的分別，於是有韻部之分。」又說：「韻部愈嚴則所引起的感覺愈純粹，即情調愈集中，故韻有使情調統一的作用。又因韻以聲音使句與句間發生聯繫且能和諧悅耳，故另一作用爲幫助記憶。」⑮這可以看出韻在詩歌創作中的重要性了。不過基音管領樂曲旋律，韻管領語言節奏，兩者幾乎沒有任何關係。其實歌詞就算不押韻也沒有問題，句式不整齊也沒有問題，偷聲減字，一切都可以由樂曲來調協。《詩經》中大部分的作品都押韻，謹嚴整齊，換韻也很有規律，充分表現出文學語言的特點，歌詞寫得好當然更有利於歌曲的表達了。但《周頌》的押韻卻很隨意，有時還不押韻，這大概可以看出早期歌詞並一定需要押韻，連散文的歌詞也可以由樂曲制約，譜成歌曲。後代詩歌與音樂分途發展，爲了吟誦悅耳，而韻自然也就成了詩歌組成的有機部分了。後代詩歌不能無韻，但《詩經》並不如此。

《周頌》的無韻詩（blank verse）可分兩類：有部分不押韻者，有全首不押韻者。不過詩句有沒有押韻有時很難判斷，例如方言的分韻、合韻的標準、韻腳的位置等都可以影響我們對押韻的認識。現在我們根據聲韻學上所訂古韻三十部的讀音，考察《周頌》無韻詩的特點。上文我們曾將部分不押韻的《周頌》作品訂作單章和聲，計有《烈文》、《天作》、《我將》、《時邁》、《思文》、《訪落》、《載芟》、《良耜》等八首。這些詩原本都是押韻的，但結尾卻不押韻，顯然是跟主旋律有所區別；而《周頌》作品全屬單章結構，沒有其他章節可供比較，所以暫時只能訂作和聲。此外還有些作品不押韻的部分在詩的前面或中間，很難解釋，也許《周頌》的作品本來就不一定要求押韻。《維天之命》（二六七）：

維天之命，於穆不已。於乎不顯，文王之德之純。（無韻）
假以溢我，我其收之。駿惠我文王，曾孫篤之。（幽覺通韻）

《小毖》（二八九）：

予其懲而毖後患，莫予荓蜂，自求辛螫。（無韻）
肇允彼桃蟲，拚飛維鳥。未堪家多難，予又集于蓼。（幽部）

《有客》（二八四）：

有客有客，亦白其馬。有萋有且，敦琢其旅。（魚部）
有客宿宿，有客信信。（無韻）言授之縶，以縶其馬。（魚部）
薄言追之。左右綏之。既有淫威。降福孔夷。（微脂合韻）

此外《良耜》（二九一）詩中有「播厥百穀，實函斯活」兩句，江有誥云：「二句無韻，疑是前章衍文。」⑯蓋與《載芟》（二九〇）「播厥百穀，實函斯活。驛驛其達。有厭其傑」（月部）中的二句重出，不過這又牽涉版本問題了，更加複雜。《詩經》其他例子尚有《豳風‧鴟鴞》（一五五）、《小雅‧賓之初筵》（二二〇）、《大雅‧思齊》（二四〇）、《抑》（二五六）、《桑柔》（二五七）、《常武》（二六三）、《召旻》（二六五）等。

《周頌》全首不押韻者共有九首，例如《清廟》（二六六）：

> 於穆清廟，肅雝顯相。濟濟多士，秉文之德。
> 對越在天，駿奔走在廟。不顯不承，無射於人斯。（無韻）

大概《周頌》只是祭祀樂歌，歌頌天道祖德，平時不用來誦讀，所以也不必講求押韻。不過陸志韋認為《清廟》「士」和「德」（之職通韻）、「天」和「人」（眞部）有押韻關係，[17]其實「承」屬蒸部，假如看作之職蒸通韻，那麼《清廟》就不該是無韻詩了。其他全首不押韻者依王力所訂尚有《昊天有成命》（二七一）、《時邁》（二七三）、《臣工》（二七六）[18]、《噫嘻》（二七七）、《武》（二八五）、《酌》（二九三）、《桓》（二九四）、《般》（二九六）等。這批作品中，有四首屬於傳說中的《大武》樂歌，《大武》樂歌頌揚周武王伐商建國的功業，是周代早期一齣很著名的樂舞，共有六成，這就是保存在《周頌》中的《我將》（二七二）、《武》、《賚》（二九五）、《般》、《酌》、《桓》六章。[19]這些詩韻律結構比較鬆散，當是周代早期相傳的樂曲了。而早期歌詞也不一定要求押韻，任何歌詞都可以由樂曲來調協。倘用後代押韻的觀點來看《周頌》，未免本末倒置；所以無韻詩自然也應該算是《詩經》創作的音樂形式了。

【註　釋】

① 按《易》、《春秋》二經乃孔子晚年的述作，日常教學當以四經爲主。《禮記．王制》云：「樂正崇四術，立四教，順先王《詩》、《書》、《禮》、《樂》以造士。春秋教以《禮》、《樂》，冬夏教以《詩》、《書》。」《禮記注疏》，臺北：藝文印書館影印嘉慶二十年江西府學《十三經注疏》本，一九五五年四月，頁二五六。其他諸經引文亦同此本。《史記．孔子世家》云：「孔子以《詩》、《書》、《禮》、《樂》教，弟子蓋三千焉。」北京：中華書局，一九五九年九月，頁一九三八。觀《王制》所論，《禮》、《樂》訓練禮儀容止，《詩》、《書》講授文獻語言。則《詩》、《樂》教育目標不同，二者的性質當有所別。

② 朱光潛說：「詩與音樂雖同用節奏，而所用的節奏不同，詩的節奏是受意義支配的，音樂的節奏是純形式的，不帶意義的；詩與音樂雖同產生情緒，而所生的情緒性質不同，一是具體的，一是抽象的。」又說：「語言都有意義，瞭解語言就是瞭解它的意義；純音樂都沒有意義，欣賞音樂要偏重聲音的形式的關係，如起承轉合比稱呼應之類。總之，語言的節奏是自然的，沒有規律的，直率的，常傾向變化；音樂的節奏是形式化的，有規律的，迴旋的，常傾向整齊。」《詩論》第六章《詩與樂——節奏》，臺北：正中書局，一九六二年九月，頁一一九—一二一。

③ 劉向《說苑．善說》。上海：商務印書館縮印平湖葛氏傳樸堂藏明鈔本，卷十一，頁五二。詩後所列韻部據上古音三十部分韻，蓋有助於辨析古代詩歌的章節結構，下同。

④ 張世彬《中國音樂史論述稿》，香港：友聯出版社，一九七四年十一月，上冊，頁二一—二六。

⑤楊蔭瀏《中國古代音樂史稿》，北京：人民音樂出版社，一九八一年二月，頁五七—六一。

⑥劉堯民《詞與音樂》，昆明：雲南人民出版社，一九八二年八月，頁五六—六七。《古今樂錄》云：「諸調曲皆有辭有聲，而大曲又有豔有趍【即『趨』】有亂。辭者其歌詩也，聲者若羊吾夷伊那何之類也，豔在曲之前，趍與亂在曲之後，亦猶吳聲、西曲前有和，後有送也。」按「辭」即歌詞，「聲」即虛聲，「豔」和「趍」在前爲和聲，「亂」在後乃送聲，區別十分清楚。見郭茂倩《樂府詩集．相和歌辭》一，北京：中華書局，一九七九年十一月，頁三七七。今曲前和聲僅存《西烏夜飛》一曲，《古今樂錄》稱其歌「和云：白日落西山，還去來。送聲云：折翅烏，飛何處，被彈歸。」《樂府詩集》，頁七二二。

⑦王力《詩經韻讀》，上海：上海古籍出版社，一九八〇年十二月，頁四二—四八。

⑧顧炎武《詩本音》云：「凡詩中語助之辭，皆以上文一字爲韻，如兮、也、之、只、矣、而、哉、止、思、焉、我、斯、且、忌、猗之類，皆不入韻。又有二字不入韻者，《著》之乎而是也。若特用其一，則遂以入韻，『其君也哉。誰昔然矣。』『人之爲言。胡得焉。』是也。」《音學五書》，北京：中華書局影觀稼樓仿刻本，一九八二年六月，頁五六。

⑨《詩經》引文全據《毛詩注疏》，即《十三經注疏》本。詩三〇五首按順序編號，以便檢索。

⑩顧炎武云：「古人之詩言有盡而意長，歌止而音不絕也。故有句之餘，有章之餘。句之餘若上篇所謂一字二字之語助是也。章之餘如『于嗟麟兮』『其樂只且』『文王烝哉』之類是也。《記》曰：『言之不足，故長言之。長言之不足，故嗟歎之。』凡章之餘，皆嗟歎之辭，可以不入韻。然合三數章而歌之，則章之末句未

嘗不自爲韻也。」《音學五書》，頁五九。
⑪ 段玉裁《詩經韻分十七部表》。《六書音韻表》，北京：中華書局影經韻樓叢書本，一九八三年七月，頁三四—五八。
⑫ 《詩經韻讀》，頁九〇—九九。
⑬ 王力稱之爲「回環」，既有句的回環，也有章的回環。其他例證尚有《召南・何彼襛矣》（二四）第二、三章、《衛風・竹竿》（五九）第二、三章、《鄭風・野有蔓草》（九四）等。由於其他字句稍有不同，嚴格來說不能列入本文重章換韻之例。《詩經韻讀》，頁八七—九〇。
⑭ 參考劉堯民《協韻與起調畢曲之關係》，《詞與音樂》頁一五六—一五七。
⑮ 張世彬《論韻與歌唱的關係及韻的作用》。《中國音樂史論述稿》，頁二〇九。
⑯ 江有誥《詩經韻讀》。《江氏音學十書》，臺北：廣文書局影渭南嚴氏成都斠本，卷四，頁六。
⑰ 陸志韋《詩韻譜》，香港：太平書局，一九六六年四月，頁一三一。陸志韋認爲「韻讀不明」者只有《昊天有成命》、《噫嘻》、《武》、《般》四詩，其他都有一些押韻的句子，似乎還不承認無韻詩。
⑱ 按《臣工》首二句「工」、「公」（東部）押韻，其後十三句則不押韻，當可以視作無韻詩。陸志韋認爲詩中「求」和「牟」（幽部）、「年」和「人」（眞部）有押韻關係，不過全詩的韻式結構還是比較鬆散。《詩韻譜》，頁一三三。
⑲ 程俊英、蔣見元《詩經注析》，程俊英等綜合王國維、陸侃如、高亨諸說以《我將》爲《大武》樂歌的第一

章。北京：中華書局，一九九一年十月，頁九四五。

（原載《詩經國際學術研討會論文集》（一九九三），頁四四一—四五〇，河北大學出版社，保定，一九九四年六月。）

詩緣情而綺靡

——陸機《擬古》的美學意義

陸機《擬古》十四首補佚

陸機（二六一—三〇三），字士衡，吳郡華亭（今上海市松江縣）人。陸機出身孫吳世族，十五歲（二七五）即分領父兵，吳亡後（二八〇）退居鄉里，清泉茂林，蓴羹鶴唳，閉門勤學，譽流京華。晉武帝太康十年（二八九）入洛，深受張華的賞識，太傅楊駿辟爲祭酒。惠帝元康元年（二九一），楊駿爲賈后所誅，陸機依附賈謐及藩國諸侯吳王晏、趙王倫、成都王穎等，捲入外戚楊、賈爭權及八王之亂的漩渦中。陸機曾任平原內史及前將軍前鋒都督等職，參與機密，軍敗被譖遇害，夷三族，卒年四十三歲，《晉書》有傳。①陸機功名念重，智不逮言，生死由人，不克自拔。魏晉文人志氣抑鬱，遭難者多，唯情唯美，哀音似訴，未始不是時代的悲劇。今陸機集中有《擬古》十二首②，模擬兩漢《古詩》，字仿句效，創新語言。雖襲取古人詩意，但次序重新安排，竟然產生意想不到的藝術效果，亦足以表達陸機幽隱曲折的詩心。身丁世亂，顛沛流離，阮籍的胸中壘塊故須酒澆之③，則陸機借古抒懷，緣情言志，自然也有一定的時代意義了。而《古詩》所表現的生命情調，恰好也就是陸機的生活寫照，借擬古爲創新，推動五言詩的發展。陸機在太康詩壇上享譽甚隆，承先啓後，而《擬古》詩更備受時人的推崇，相信也是值得探討的文學現象了。

陸機集中《擬古》十二首，原見《文選》④。惟鍾嶸稱「陸機所擬十四首」⑤，則梁時已佚兩首了。近代吳汝綸及許文雨相繼指出所佚者即陸機集中《駕言出北闕行》及《遨遊出西城》兩首⑥。今先補出二詩，並跟《古詩》比較，俾成完帙，然後再作討論。

陸機《駕言出北闕行》

駕言出北闕，躑躅遵山陵。
長松何鬱鬱，丘墓互相承。
念昔徂歿子，悠悠不可勝。
安寢重冥廬，天壤莫能興。
人生何所促，忽如朝露凝。
辛苦百年間，戚戚如履冰。
仁知亦何補，遷化有明徵。
求仙鮮克仙，太虛不可凌。

古詩《驅車上東門》

驅車上東門，遙望郭北墓。
白楊何蕭蕭，松柏夾廣路。
下有陳死人，杳杳即長暮。
潛寐黃泉下，千載永不寤。
浩浩陰陽移，年命如朝露。
人生忽如寄，壽無金石固。
萬歲更相送，聖賢莫能度。
服食求神仙，多爲藥所誤。

良會罄美服，對酒宴同聲。	不如飲美酒，被服紈與素。
陸機《遨遊出西城》	**古詩《迴車駕言邁》**
遨遊出西城，按轡循都邑。	迴車駕言邁，悠悠涉長道。
逝物隨節改，時風肅且熠。	四顧何茫茫，東風搖百草。
	所遇無故物，焉得不速老。
遷化有常然，盛衰自相襲。	盛衰各有時，立身苦不早。
靡靡年時改，冉冉老已及。	人生非金石，豈能長壽考。
行矣勉良圖，使爾修名立。	奄忽隨物化，榮名以爲寶。

根據詩意的比較，很明顯的可以看出陸機《駕言出北闕行》應該就是擬《驅車上東門》，而《遨遊出西城》就是擬《迴車駕言邁》了。前者古人認爲是樂府詩，例如《藝文類聚》將《古驅車上東門行》與陸機《駕言出北闕行》一起編作樂府古詩，陸題注加「驅馬上東門」五字⑦；《樂府詩集》雜曲歌辭亦將古辭《驅車上東門行》及陸機《駕言出北闕行》並列。⑧後者見於《藝文類聚》（卷二八，頁五〇一），陸詩只有十句，比《古詩》少「所遇無故物，焉得不速老」兩句，惟其他各句一一對應。則鍾嶸所見陸機《擬古》十四首實未亡佚，我們研究陸機的《擬古》詩時自當合爲一組討論。至於昭明太子等爲甚麼會刪去這兩首詩呢？也許他們認爲陸機的擬作說理過多，文采不足，也就刪而不錄了。

陸機《擬古》的文學地位

《古詩》可以說是五言詩成熟的標志。漢代文人寫詩一般沿用傳統四言的體制，雍容典雅；而民間的樂府則多採用新興的五言句式，活潑流麗。《古詩》處於四言、五言轉變的樞紐，可能是兩漢的失意文士游宦無成，感於世變，也就以民間熟悉的樂府音調唱出心中的鬱結，緣於哀樂，抒情寫意，無形中推動了五言詩的發展。建安詩人以五言詩唱出時代的強音，同時也爲五言詩奠下了不朽的根基。陸機《擬古》更引入大量排偶麗密的句式，變古調爲新聲，化質直爲典雅，緣情綺靡，面貌大變，雖骨氣稍弱，而體態華美，開六朝風氣，無愧大家本色。後代詩歌委靡不振，乃審美不同所致，時代思潮不是人力所可轉移的，更不能倒果爲因的歸罪於領導潮流的作家。文學批評要研究的是作家能不能爲文學增加新鮮的因子，指示發展的方向；任何踵事增華、變本加厲都可能造成干擾。⑨

鍾嶸所見的《古詩》約五十九首。《詩品》說：「其體源出於國風。陸機所擬十四首。文溫以麗，意悲而遠，驚心動魄，可謂幾乎一字千金。其外《去者日以疏》四十五首，雖多哀怨，頗爲總雜，舊疑是建安中曹、王所製。《客從遠方來》，《橘柚垂華實》，亦爲驚絕矣。人代冥滅，而清音獨遠，悲夫。」（頁五一）大抵鍾嶸將《古詩》分爲兩組，一爲陸機所擬十四首，評價最高；一爲比較總雜的四十五首，合共五十九首。今除《古詩十九首》外，兩漢尚存九首，僅及鍾嶸所見的半數左右。⑩至於陸機所擬的十四首，鍾嶸評價頗高，而序中亦特別詡爲「五言之警策者也」（頁三四）。此外也有人認爲鍾嶸評《古詩》「一字千金」之語爲評陸機《擬古》者，或出誤會；⑪惟鍾嶸竟然在評《古詩》之前插入「陸機所擬十四首」一句，用後代的擬作來映襯《古詩》，目的顯然是要提高《古詩》的地位，則空穴來風，未必無因。如果不是認爲陸機的《擬古》價値很高，大可不必提及，提了自然是說《擬古》的地位可以與《古詩》匹美，所以這一段話可能是用來兼評《古詩》十四首及《擬古》十四首的，這樣上下文意才顯得連貫。此外《文選》在詩中分出「雜擬」兩卷，而以陸機《擬古》十二首居首（頁一四二六），已見肯定之意。又如陶淵明集中有《擬古詩》九首，而《文選》僅取其「日暮天無雲」一首（頁一四三二），去取之嚴，可以想見。又《文選》輯錄陸機作品最多，包括賦三篇、詩五十二篇、文七篇、演連珠五十首，共四十四題，各體兼備；其他謝靈運、曹植二家選錄的數量遠不能跟陸機相比。

鍾嶸《詩品》將五言詩的作者按藝術源流分爲《國風》、《小雅》、《楚辭》三系。而在上品十二家中，鍾嶸最推崇的該是源出《國風》的曹植、陸機、謝靈運三家，例如評曹植說：「骨氣奇高，詞采華茂，情兼雅怨，體被文質，粲溢今古，卓爾不群。」（頁七二）兼具風力和丹彩，最爲完美。鍾嶸評陸機說：「才高詞贍，舉體華美。氣少於公幹，文劣於仲宣。尙規矩，不貴綺錯，有傷直致之奇。然其咀嚼英華，厭飫膏澤，文章之淵泉也。」（頁九三）又評謝靈運說：「興多才高，寓目輒書，內無乏思，外無遺物，其繁富宜哉。然名章迥句，處處間起，麗典新聲，絡繹奔會，譬猶青松之拔灌木，白玉之映塵沙，未足貶其高潔也。」（頁一一二）序中又稱「曹、劉殆文章之聖，陸、謝爲體貳之才」（頁二八），可見陸機雖然比不上曹植，可能還比不上謝靈運，稍遜骨氣和文采，但他卻是曹植到謝靈運之間五言詩轉變的樞紐，領導一代風氣。鍾嶸論詩特重詞采雅怨之作，「尚規矩」可能是說陸機的《擬古》步趨原作，其他作品亦少新變；「綺錯」義爲縱橫交錯，「不貴綺錯」或指陸機詩缺少跌宕的感情，雅怨不足；「有傷直致之奇」可能指陸機用事太多，與鍾嶸「觀古今勝語，多非補假，皆由直尋」（頁二二）的審美主張不同，故評價較曹、謝爲低。惟鍾嶸又說「咀嚼英華，厭飫膏澤」指陸機善於融化傳統，推陳出新；「文章淵泉」及「舉體華美」則是追求色澤妍麗的藝術效果，似亦針對《擬古》十四首而發，而得與《古詩》並列上品了。

緣情說——陸機《擬古》的主題和結構

在文學傳承的過程中，古典作品一直會不斷或正或負的影響後代的作家。而文學發展到某一個階段的時候，也很自然的會有模擬的現象出現，例如西漢揚雄早年作《長楊賦》、《甘泉賦》、《羽獵賦》等即在形式上模擬司馬相如的《子虛賦》、《上林賦》等；其後又仿《論語》作《法言》，仿《周易》寫《太玄》，仿《爾雅》編《方言》，仿《蒼頡篇》撰《訓纂篇》等，都是以模擬爲創新，或可反映一時的風氣。又如十七世紀歐洲的古典主義也是主張創作上模仿古希臘、古羅馬的藝術形式，選用古典題材，重視詩歌格律，恪守戲劇三一律（情節、地點、時間必須保持完整一致）的創作原則，崇尚理性和自然，反映當時的社會現實；但缺點則是輕視個性特徵，忽略感情和想像，有較嚴重的保守性、抽象化及形式主義傾向等。十九世紀末葉又有所謂新古典主義者，借闡揚古典作家或某些文學傳統來表現自己的文學主張。這些不同時空出現的模擬理論無疑對創作及批評都會帶來一定的影響。魏晉詩歌的擬古風氣大概始於何晏，託古言志，表現平凡；而陸機則改寫《古詩》名作，自抒懷抱，格調一新。此外唐代的古文運動、新樂府運動也是借復古爲創新，宣揚寫實精神。凡此種種都可以看作古典主義的主張，指示創作方向，反抗不良的風氣，具有積極的現實意義。無論復古或擬古，其實都只是口號，不太重要，讀者最關心的當然是作品的表現。

關於《擬古》的創作年代，目前很多學者認爲是陸機二十歲（二八〇）吳亡後退居華亭舊里時模擬實習的少作。例如姜亮夫說：「審其文義，皆就題發揮，紬繹古詩之義，蓋模擬實習之作，且辭義質直，情旨平弱，即有哀感，哀而不傷，不類壯歲後飽經人事之作，疑入洛前構也。其中雖不無可以牽合身世際會之語、故國黍離之悲，究難認爲中年後作也。」⑫其實這段話並沒有解決問題，姜氏一方面說是少年習作，一方面又說有中年的寄託，雖有持平之義，終嫌自相矛盾。其實陸機集中模擬之作尚多，例如模擬古樂府的即有《婕妤怨》、《短歌行》、《苦寒行》、《燕歌行》、《挽歌三首》等，由於沒有具體的事義可供分析，恐亦難遽訂其創作年代。林文月云：「陸機的『擬古詩』十二首，其與『古詩』同中有異，異中有同的變化，也頗顯示出他逞才鬥能，與古人一較長短的傾向；換言之，亦未嘗不是一種藝高膽大的遊戲性或挑戰性動機之下的表現。如果這種說法可以成立，則陸機的『擬古詩』十二首既非學詩之作，其寫作時間也不必限定於年少入洛前之所構了。」⑬林氏的分析比較可靠，因爲陸機的《擬古》只是演繹《古詩》的文辭，並沒有增減《古詩》的詩意。他可以融合《古詩》的主題，借古抒懷；也可以改變《古詩》的格調，創新境界。陳復興則指出陸機的《擬古》是入洛之後所作，「他的亡國破家之痛、懷土望鄉之思鬱結於心，最易在漢末一般士人所作的古詩中找到接合點與共鳴點。這種漢末士人所作古詩，多寫社會動亂、個人苦難，以及由此引起的傷懷別緒、幽思悲情。陸詩中若『王鮪懷河岫，晨風思北林，游子眇天末，還期不可尋』；若『怨彼河無梁，悲此年歲暮，跂彼無良緣，睆焉不得度』；若『故鄉一何曠，山川阻且難，沈思鍾萬里，躑躅獨吟嘆』，等等，無不是向往故土，懷念親友的佳句，都是陸士衡入洛後個人內心體驗與愁苦的表露。」⑭也很能準確解釋詩人悽苦的詩心。其實望鄉的主題一再出現於陸機詩中，《赴洛》云：「羈旅遠遊宦，託身承華側。……思樂樂難誘，曰歸歸未克。憂苦欲何爲，纏綿胸與臆。仰瞻凌霄鳥，羨爾歸飛翼。」（其二）《又赴洛道中》云：「悲情觸物感，沈思鬱纏綿。佇立望故鄉，顧影悽自憐。」（其一）這兩首赴洛詩即跟《擬涉江采芙蓉》的情韻相似。陸機詩另一個常見的主題是羈宦，江淹《陸平原羈宦》云：

> 儲后降嘉命，恩紀被微身。明發眷桑梓，永歎懷密親。流念辭南澨，銜怨別西津。馳馬遵淮泗，旦夕見梁陳。服義追上列，矯跡廁宮臣。朱黻咸髦士，長纓皆俊人。契闊承華內，綢繆踰歲年。日暮聊揔駕，逍遙觀洛川。徂沒多拱木，宿草凌寒烟。遊子易感慨，躑躅還自憐。願言寄三鳥，離思非徒然。⑮

此詩既擬陸機，亦寫陸傳；江淹引用陸詩的句意頗多，雖未及引用《擬古》的詩句，但詩的主題「羈宦」剛好就點出了《擬古》的原意。假如《擬古》只是少年習作，毫無眞情實感，則晉國王公嗤之以鼻，陸機又怎麼能譽流京華呢？假如陸機是借《古詩》的危懼感來抒發內心的抑鬱之情，恰巧這也反映了西晉後期朝臣憂生念亂、人事無常最自然的心態，自能引發共鳴。此外陸機又藉擬作掃除《古詩》拙樸平淡的口語，凸顯清詞麗句的新腔；詩意完全相等，表現風格各異，這就給太康詩人提供創作上新的借鏡，同時也給後人指示詩歌發展的途徑。陸機《擬古》十四首，《文選》錄十二首，只刪兩首；鍾嶸更一再揄揚《擬古》，可見諸詩在五言詩的發展史上自有一定的藝術成就，當爲陸機入洛以後羈宦生涯的寫實之作，深受時人的讚賞。

至於陸機《擬古》十四首的藝術特點，前人分析詳盡。林文月曾就《文選》所選的十二首指出篇幅與原詩句數一致者有六首，佔全部作品之半數；較原詩長者有五首，較原詩短者僅《擬明月皎夜光》一首，而且無論較原詩長或短，所增減之句數均爲二句，外型相近。陸機擬作皆是一韻到底，《古詩》除《行行重行行》換韻外，其他亦一韻到底；則用韻亦近原詩。又疊字各用二十一次；遣詞設句每多形似或神似，而偶句增多；時見直賦筆法等；這些都是陸機擬作與原作相同之處。林文月又指出其相異者爲陸機擅用委婉含蓄之烘襯譬喻技巧，典雅矜持，而減卻率眞磅礴之力；陸機又多取儷句改寫《古詩》原意，而形容詞之選用尤具慧心；陸機的擬作更多以典故入儷句等。陳頎、張帆統計《擬行行重行行》、《擬今日良辰會》、《擬涉江采芙蓉》、《擬青青陵上柏》、《擬東城一何高》、《擬西北有高樓》六首，認爲律句較多，黏對、押韻方面都近律詩。⑯由於不是全面統計，數據不見得可靠；

至於五言詩的律化傾向自是時勢使然，也是詩體發展的必然方向，然而對於陸機《擬古》來說略嫌過早。何成邦則認爲這組詩有兩大特點：一、原本古詩立意精神而風格趨於矜練雅重；二、步趨古詩字句結構而作法偏重排偶藻繪。此外，何氏又指出陸機化解擬詩板滯的方法是用自己的詩句演繹原意或重現詩境，改變擬詩句序，將原詩句一句化兩，刻意對偶。[17]毛慶也歸納爲兩點，認爲陸機是在追求表現手法的創新，一種新的語言風格；在手法上看，陸機表現人物的思想感情和心理活動，講究含蓄、細膩；從語言方面看，陸機追求一種華麗的風格，而且對偶句也大量出現。[18]大抵以上四家所論都可以代表八十年代以來研究陸機《擬古》諸作的成果，頗能認眞指出陸機《擬古》的藝術特點，分析陸詩的創作技巧，很多時還是直接跟《古詩》比較，探索陸詩的發展方向。此外，前人對於陸機《擬古》諸作的評價毀譽參半，頗見分歧。例如李重華《貞一齋詩說》：「陸士衡《擬古》詩，名重當世，余每病其呆板。」陳祚明《采菽堂古詩選評》：「士衡束身奉古，亦步亦趨，在法必安，選言亦雅，思無越畔，語無溢幅。」黃子雲《野鴻詩的》：「平原五言、樂府，一味排比敷衍，間多硬句，且踵前人步伐，不能流露性情，均無足觀。」[19]姚範云：「士衡《擬古》，蒙所未喻，其於前人章句，想倍誦有餘，何嘗詣深妙也。」方東樹：「《擬古》而自無所託意，特文人自多其能，導人以作僞詩而已。東坡和陶雖自有題，亦覺無味，殆與士衡同一才多之患耶！」[20]王鍾陵則批評陸詩不及原作，「一不及其厚，二不及其樸。陸機擬作於意蘊之自然天眞淳茂渾成上，遠不及原詩。在意義上，陸機擬作無甚發揮，往往調換字面寫其原意，有的地方略有加詳而已。而在字面上，則求華艷，頗著人巧，不時見其針黹之跡。」㉑以上六家均貶斥陸詩，指責陸詩的缺失有呆板步趨、缺少性情、無所託意、厚樸不足四點。或有讚賞陸詩者，王夫之云：「平原擬古，步趨如一。然當其一致，順成便爾，獨舒高調。一致則淨，淨則文，不問創守，皆成獨構也。」㉒王闓運云：「陸擬詩面貌雖間有研鍊華肇之處，而氣骨直與古作契合。須觀其鋪叙中有回復，整密中有疏宕，每出兩句，皆苦心有得處。」㉓二王所論指出陸詩一致順成，氣骨高古，語語實在，深味有得，值得我們注意。

《古詩》二十首與陸機《擬古》十四首的排列次序不同，就詩論詩，其實也足以說明陸機的創作苦心。《文選》的《古詩十九首》古今譽爲名作；其後徐陵《玉臺新詠》選枚乘《雜詩九首》，其中八首在十九首之中，而多《蘭若生春陽》一首；兩者合併，去其重複，即得二十首。又徐陵另選《古詩》八首，只有《凜凜歲云暮》、《冉冉孤生竹》、《孟冬寒氣至》、《客從遠方來》四首在十九首之中。㉔陸機《擬古》與枚乘《雜詩》九首完全相同，多屬《古詩》中的精品；其餘五首只見於《古詩十九首》中，沒有徐陵所選《古詩》八首中的詩。由於《古詩十九首》、枚乘《雜詩》九首及陸機《擬古》十四首的編次不同，我們無法估計《古詩》原來的次序。但從詩意觀察，《古詩》的編次混亂，各詩的創作年代、地域環境、甚至作者都可能不同，這是一批兩漢無名作品的總稱，除了憂患的主題比較一致以外，當然談不上甚麼內部聯繫了。陸機雖是襲用《古詩》的詩旨和意境，借題發揮，但卻按創作的構思重新排序，似能構成有機的組合。例如《文選》選錄《擬古》十二首、《樂府》十七首，宋人輯錄時即將這兩組作品合成一卷，《樂府》的次序稍見變動，而《擬古》則完全不變；㉕

現在各個版本的《擬古》還是依照《文選》原來的次序。《玉臺新詠》也曾選錄陸機《擬古》七首，次序不同，㉖由於只佔陸機《擬古》作品的半數，也就更難看出箇中的原因了。我們現將《擬古》十四首合成一個整體結構，《擬行行重行行》借懷人起興，實寄鄉情；《擬今日良辰會》會友述志，不甘貧賤；《擬迢迢牽牛星》嗟歲暮無梁，不得引渡；《擬涉江采芙蓉》瓊蕊芳蘭，以寄鄉思；《擬青青河畔草》寫閨婦的相思，或可比喻爲君臣關係；《擬明月何皎皎》則寫自己對月懷想，遊宦無成，適與前詩遙應；《擬蘭若生春陽》望美人兮天一方，「隆想彌年月，長嘯入風飆。引頸向天末，譬彼向陽翹」四句，想望逼切；以上七首寫遊子思鄉，安處言志。《擬青青陵上柏》寫遠遊長安所見；《擬東城一何高》縱遊西山及京洛；又本文所補《遨遊出西城》及《駕言出北闕行》二詩似當插在這裏，前者遨遊西城，節序漸改，年時冉冉，而脩名不立；後者駕車出北闕，丘墓相承，興感無端；以上四首藉遠遊及歲暮抒發盛衰無常之感。《擬西北有高樓》思琴音而覓知音，遙應第二首《擬今日良宴會》；《擬庭中有奇樹》寫佳人不歸，而己志不渝，遙應第四首《擬涉江采芙蓉》；《擬明月皎夜光》以歲暮涼風宴友改聲遺情作結，遙應第三首《擬迢迢牽牛星》；以上三首譬喻失志，上文一切美好的願望頓成泡影，無限酸楚。古詩人的悲情剛好也就是陸機寂寞的心聲，千古同出一轍，自然容易引起讀者的同情了。沈德潛云：「古詩十九首，不必一人之辭，一時之作。大率逐臣棄妻，朋友闊絕，遊子他鄉，死生新故之感。或寓言，或顯言，或反覆言。初無奇闢之思，驚險之句；而西京古詩，皆在其下，是爲國風之遺。」㉗這些都是人人所共有的心靈經驗，我們不必一一親歷，所謂生老病死，總會直接或間接的感受得到。《古詩》的意象涵蓋廣泛，感情亦深，讀者不一定會寫詩，但詩人自能搔到癢處，寫出讀者的心聲。陸機善於把握這些詩情，結合時代滄桑和個人身世，演繹詩境，融爲己出，自然也就寫出新意來了。《文選》亦收劉鑠《擬古》二首，即《擬行行重行行》及《擬明月何皎皎》（卷三一，頁一四四四），也就是《古詩十九首》的頭尾兩首；何焯云：「注：世祖時進侍中司空，後以藥內食中，毒殺之。按：二詩亦懼孝武之猜忍而作。」㉘《玉臺新詠》載劉鑠《代古》四首，比《文選》多《代孟冬寒氣至》及《代青青河畔草》兩首。（卷三，頁一二七）《南史》云：「鑠字休玄，文帝第四子也。元嘉十六年，年九歲，封南平王。少好學，有文才。未弱冠，擬古三十餘首，時人以爲亞跡陸機。」㉙劉鑠卒年二十三歲，其《擬古》諸作亦屬借古抒懷之類，隱約其辭，婉轉寄情。可見擬古不徒是模擬前人的作品，而是有感而發，抒情言志；因爲《古詩》的主題是現成的，同時也是大家所熟悉的，擬古可以演繹古人的情意，也可以表現個人的心聲，疑眞疑幻，撲朔迷離，託意悲情，千古如一，避免刻意的直述，創造緩衝的空間。陸機《文賦》稱「詩緣情而綺靡」，「緣情」是詩歌創作的主要動力，陸機在作品中也常常提到這個詞，《思歸賦》說：「悲緣情以自誘，憂觸物而生端。」（頁一九）《歎逝賦》說：「樂隤心其如忘，哀緣情而來宅。」（頁二五）所謂「緣情」實在是指憂生念亂的感覺，觸動詩人的意緒，不克自已。陸機的《擬古》剛好就是「緣情」的創作，喚起讀者對生命的共鳴。

綺靡說——陸機《擬古》的審美意義

模擬在文學上可能絕無出路，但如果在前人的基礎上推陳出新，求變求美，那又另當別論了。陸機《擬古》表現「綺靡」的風格，大概可以歸納爲四點：化俗爲雅，化簡爲繁，化樸爲華，化文爲詩，透過精緻的藝術包裝，而《古詩》也就給人耳目一新之感了。化俗爲雅是說陸機將《古詩》中的俚俗字句轉化爲典雅的語言。例如《青青河畔草》中前六句的疊字組合使佳人的形象飽滿突出，陸機擬詩望塵莫及，但《古詩》結四句作「昔爲倡家女，今爲蕩子婦。蕩子行不歸，空床難獨守。」雖說坦率可愛，但亦俗不可耐，跟上面六句的雅言不大協調，似出兩人之手，勉強併合而成。陸機擬詩作「良人遊不歸，偏棲獨隻翼。空房來悲風，中夜起歎息。」改變人物形象，寫的當然是文士的感覺而不是小市民的心聲了；整體效果可能不及原詩活潑，但情調統一，佳人的容顏不容易留住，良人的羈宦生涯亦徒添酸苦而已，陸機用象徵手法烘托哀怨，感人亦深。《明月皎夜光》「不念攜手好，棄我如遺跡」兩句，直斥同門友之非，不事修飾；陸機改作「服美改聲聽，居愉遺舊情」，感情上可能不夠強烈，但對句含蓄閑雅，也有楚楚動人的魅力。又如陸機《擬蘭若生春陽》及《古詩》原作：

陸機《擬蘭若生春陽》

嘉樹生朝陽，凝霜封其條。
執心守時信，歲寒終不彫。

古詩《蘭若生春陽》

蘭若生春陽，涉冬猶盛滋。
願言追昔愛，情款感四時。

美人何其曠，灼灼在雲霄。
隆想彌年月，長嘯入飛飆。
引領望天末，譬彼向陽翹。

美人在雲端，天路隔無期。
夜光照玄陰，長歎戀所思。
誰謂我無憂，積念發狂癡。

原作前八句都是雅言，末二句突然說：「誰謂我無憂，積念發狂癡。」奔放熱情，出人意表；但前後雅俗亦不協調。陸機擬作前八句已將描寫愛情的主題變作表現個人的志節，貞信不彫，美人就象徵了識拔自己的人；末二句更是專心致志，含蓄莊重。詩不能純粹發洩感情，應該有所節制，陸機化悲怨爲雅重，深刻有力。徐柏青云：「這是反映詩人仕途坎坷之作，是詩人內心世界的自我表白。詩人借擬古和象徵的手法來寫，比直接抒發，顯得含蓄深沈，藝術效果也較好。」㉚

化簡爲繁指陸機或將原作增加兩句，以利表達，其實更重要的是增加意象，表現豐滿。例如《庭中有奇樹》本來是一首意象單一、簡單清新而又情意綿綿的佳作，陸機擬作吃力不討好，卻能別出心裁。

陸機《擬庭中有奇樹》

歡友蘭時往，迢迢匿音徽。
虞淵引絕景，四節逝若飛。
芳草久已茂，佳人竟不歸。
躑躅遵林渚，惠風入我懷。

古詩《庭中有奇樹》

庭中有奇樹，綠葉發華滋。
攀條折其榮，將以遺所思。
馨香盈懷袖，路遠莫致之。

感物戀所歡，采此欲貽誰。　此物何足貢，但感別經時。

陸機的擬作意象紛繁，每兩句就是一組意象，詩由懷人起，增加感慨時光飛逝二句，芳草句借意鉤勒一番，林渚惠風，眼前適意之境，然後才以贈遠作結，寫心理感覺層層深入，遠較原作曲折。王闓運曰：「古詩難擬在澹。此芳草久已茂四句，愈澹愈秀，是神來之筆。」孫曠曰：「只演別經時一意，風度自佳，弟視原作，而貌不同，何必謂之擬？」㉛可見陸詩有意求變，別具韻味。《青青陵上柏》描寫宛洛風光云：「洛中何鬱鬱，冠帶自相索。長衢羅夾巷，王侯多第宅。兩宮遙相望，雙闕百餘尺。」詩中的人物造形及宮殿第宅都只是平面化的敘述；陸機改寫長安：「名都一何綺，城闕鬱盤桓。飛閣纓虹帶，曾臺冒雲冠。高門羅北闕，甲第椒與蘭。俠客控絕景，都人驂玉軒。」不只增加一聯，講究練字和色澤，最重要的是一聯一意象，快速連動的鏡頭使人應接不暇。

化樸爲華是指陸機將《古詩》的樸素風格變得妍麗，後人多斥爲開六朝駢儷妍鍊的風氣，有傷古體樸厚的氣格。

陸機《擬行行重行行》

悠悠行邁遠，戚戚憂思深。
此思亦何思，思君徽與音。
音徽日夜離，緬邈若飛沈。
王鮪懷河岫，晨風思北林。

古詩《行行重行行》

行行重行行，與君生別離。
相去萬餘里，各在天一涯。
道路阻且長，會面安可知。
胡馬依北風，越鳥巢南枝。

遊子眇天末，還期不可尋。　相去日已遠，
　（衣帶日已緩。）
驚飆褰反信，歸雲難寄音。　浮雲蔽白日，遊子不顧返。
佇立想萬里，沈憂萃我心。　思君令人老，歲月忽已晚。
攬衣有餘帶，循形不盈衿。　衣帶日已緩。
去去遺情累，安處撫清琴。　棄捐勿復道，努力加餐飯。

《行行重行行》首六句直抒胸臆，自然樸厚；陸機的擬作不但字面華麗，且用修辭頂眞手法，綿綿而下。此外陸機又將「相去日已遠」化爲「遊子眇天末，還期不可尋」，將「衣帶日已緩」變爲「攬衣有餘帶，循形不盈衿」，形象鮮明，次序也有所改變。而結尾「佇立想萬里，沈憂萃我心」及「去去遺情累，安處撫清琴」兩聯，端莊閑雅，亦多排偶句法，後來六朝詩日趨淫靡，唐詩大放異彩，都從這裏演變出去。創新與妍鍊互不排斥，陸機爲著名的《古詩》添加色澤應該是功而不是過。陸機對這首擬作似乎十分滿意，集中也有類似的表現，《贈尙書郎顧彥先》云：「感物百憂生，纏綿自相尋。與子隔蕭牆，蕭牆阻且深。形影曠不接，所託聲與音。音聲日夜闊，何用慰吾心。」（其二）《悲哉行》云：「傷哉客遊士，憂思一何深。目感隨氣草，耳悲詠時禽。寤寐多遠念，緬然若飛沈。願託歸風響，寄言遺所欽。」這兩首詩跟《擬行行重行行》的用韻相同，作意相似，前者運用頂眞技巧，後者講求字面色澤，也都足以清楚反映陸機一貫的詩心。又《今日良宴會》云：「彈箏奮逸響，新聲妙入神。令德唱高言，識曲聽其眞。齊心同所願，含意俱未伸。」描寫歌聲及情誼，都很拙樸；陸機云：「齊僮梁甫吟，秦娥張女彈。哀音繞棟宇，遺響入雲漢。四座咸同志，羽觴不可算。高譚一何綺，蔚若朝霞爛。」不但增加了一聯，整首詩鮮妍亮麗，音調鏗鏘，更完全是太康本色了。

化文爲詩是將直率純樸的口語提鍊爲意象鮮明及聲韻悠揚的詩語。所謂文語有時也可以是典雅的，呈現意象；這裏暫指口語，一種不太修飾的書面語。陳頎、張帆有關《擬古》律句的統計雖然只有六首，也可以看出端倪。此外更重要的是陸機改變《古詩》直述的傾吐方式，用意象來抒情，也就是間接的表達。有創意的詩人不妨多方試驗精鍊的詩語，開拓詩歌境界。例如《明月何皎皎》原是詩人一連串望月懷人的口語，直接傾訴情感，固然可以構成一首好詩；但陸機的擬作鍛鍊得更精采，現將兩詩排比列下以供比較：

古詩《明月何皎皎》

明月何皎皎，照我羅床幃。
憂愁不能寐，攬衣起徘徊。
客行雖云樂，不如早旋歸。
出户獨彷徨，愁思當告誰。
引領還入房，淚下沾裳衣。

陸機《擬明月何皎皎》

安寢北堂上，明月入我牖。
照之有餘暉，攬之不盈手。
涼風繞曲房，寒蟬鳴高柳。
踟躕感節物，我行永已久。
遊宦會無成，離思難常守。

陸機擬作意象精美，有聲有色，「照之」二句亦詠月的神來之筆。陸機《又赴洛道中》云：「清露墜素輝，明月一何朗。撫枕不能寐，振衣獨長想。」（其二）也有過類似望月的描寫。擬作的結筆感時傷事，開拓意境，遊宦無成自是詩人一生的隱痛所在，不是原作普通的懷人情緒。這種隱痛也見於《爲顧彥先贈婦》：「借問歎何爲？佳人眇天末。遊宦久不歸，山川修且闊。」（其二）跟擬詩的主旨相同，亦足以深化意境。梁蔭衆評《擬明月何皎皎》云：「它通過詩中主人公的具體活動和借景托情來顯示其內心深處的感情波瀾，讀者憑借視覺（月光、安寢）、觸覺（涼風）、聽覺（寒蟬鳴）去體會品味，並借助自身的情感經驗去聯想，感受詩的內蘊，從而收到強烈的藝術效果。」㉜陸機擬詩跟原作主題不同，語言表達方式亦有所區別，不必強分高下；但兩相比較，很容易就可以看出口語與詩語的不同效果，同時也可以體會詩歌語言的發展方向。此外《涉江采芙蓉》原作「采之欲遺誰，所思在遠道。還顧望舊鄉，長路漫浩浩。」陸機擬作「采采不盈掬，悠悠懷所歡。故鄉一何曠，山川阻且難。」一一對照，也可以看出二者異同之處；前者的口語是直述的，後者的詩語則是暗示的。又《迴車駕言邁》原有「所遇無故物，焉得不速老」兩句，只是乾癟的口語，頗嫌俗濫，不具詩意；陸機《遨遊出西城》刪去此聯，該是比較適當的處理手法。

擬古不是寫詩的唯一出路。有時陸機的擬作也不見得出色，例如上文所補《駕言出北闕行》及《遨遊出西城》兩首，由於是說理詩，兼多口語；陸機擬作一成不變，句句對應，既乏詩趣，內容亦欠新意，因而不能與其他十二首並存了。此外《擬迢迢牽牛星》、《擬東城一何高》、《擬西北有高樓》三詩，雖然傾力描寫，但始終比不上《古詩》自然樸厚的感人力量。又陸機《擬迢迢牽牛星》「牽牛西北迴，織女東南顧」一聯，重見於《擬明月皎夜光》「招搖西北指，天漢東南傾」及《梁甫吟》「招搖東北指，大火西南昇」兩詩，構句相似，詩意貧乏，因襲道來，幾成濫調。陸機例句尚多，可能也是敏捷之患。

對於陸機《擬古》的評價，前人意見紛歧，沈德潛論云：「士衡舊推大家，然通贍自足，而絢綵無力，遂開出排偶一家。降自齊梁，專工對仗，邊幅復狹，令閱者白日欲臥，未必非陸氏爲之濫觴也。所撰《文賦》云：『詩緣情而綺靡』，言志章教，惟資塗澤，先失詩人之旨。」（頁一三八）沈氏論詩認爲「言志」應居「緣情」之上，這是儒家的風教觀點；陸機「緣情」僅供塗飾，人工之美不及自然，高下立判，未免有些偏見。現在我們不妨從另一個角度來探討陸機《擬古》的美學意義。陸機《文賦》反對模擬，他說：「或藻思綺合，清麗芊眠。炳若縟繡，悽若繁絃。必所擬之不殊，乃闇合乎曩篇。雖杼軸於予懷，怵他人之我先。苟傷廉而愆義，亦雖愛而必捐。」（頁三二）可見他的《擬古》不會盲目依從《古詩》。可能誦習日久，情見其中，身世之感，通於性靈；因將親切如話的《古詩》改成新體，而詩歌面貌一變。《文賦》稱「詩緣情而綺靡」，即指出詩歌創作必以情意爲依歸，配合精妙之言，而綺靡應該包括文采和聲音說的。陸機又論及文意和文辭的關係說：「其爲物也多姿，其爲體也屢遷。其會意也尚巧，其遣言也貴妍。曁聲音之迭代，若五色之相宣。」（頁三二）這番話其實也可以看作陸機論詩緣情綺靡的注腳，而《擬古》則是最佳的實驗。意通於心，辭必新變，陸機利用間接經驗爲詩歌創作開闢新路，應該也是很有意義的。近人大多論定《文賦》爲陸機晚年之作，則《擬古》

諸詩何獨不然；兩者參互觀摩，悟益必多。例如《文賦》開頭即說「佇中區以玄覽，頤情志於典墳」，即指讀萬卷書，是間接經驗；繼稱「遵四時以歎逝，瞻萬物以思紛」則是行萬里路，亦即直接經驗，而創作就是將直接經驗跟間接經驗相互配合，由靈感以立意，塑成意象，深化意境，這就是作品了。我們不能事事親歷，觸類旁通，靈感倍增，所以間接經驗自然也很重要。陸機的《擬古》未必超越《古詩》，但它證明了詩歌創作並不困難，而詩自然也是可學的。宋人論詩有「點鐵成金」及「奪胎換骨」之說，黃庭堅云：「自作語最難，老杜作詩，退之作文，無一字無來處；蓋後人讀書少，故謂韓、杜自作此語耳。古之能爲文章者，眞能陶冶萬物，雖取古人之陳言入於翰墨，如靈丹一粒，點鐵成金也。」又曰：「詩意無窮而人之才有限，以有限之才追無窮之意，雖淵明、少陵不得工也。然不易其意而造其語，謂之換骨法；窺入其意而形容之，謂之奪胎法。」㉝點鐵成金是詩句的點化手法，融化傳統，推陳出新；換骨法變換古人的語言，奪胎法則是擴充前人的詩意。黃庭堅論詩雖有剽竊之嫌，實際上卻要詩人自鑄偉辭。二十年代俄國的形式主義（Russian Formalism）解釋文學與社會的關係，認爲「文學不與生活發生直接切膚的關係，但由於文學的創作脫離不了文學的傳統，在傳統的陰影下，文學若求新生，則必有賴於推陳出新，也就是所謂『減低熟悉度』（defamiliarization）。在文字上，文人就必須重視語言的運用，甚至將日常語言變形（deformation），使得文學間接與生活發生了關係。」㉞這兩種理論似都可以用來解釋陸機《擬古》的審美心理。成敗之幾，在神亦在貌，進退之際，在意亦在辭，詩可以反映現實，也可以表現自我，運用之妙，存乎一心，讀書有得，不宜妄議前人，而陸機《擬古》自然也可以給我們很多的美學啓示了。

【註　釋】

①《陸機傳》。《晉書》，唐・房玄齡等撰，北京：中華書局，一九七四年十一月，卷五四，頁一四六七。

②《陸機集》，金濤聲點校，北京：中華書局，一九八二年一月。參見郝立權《陸士衡詩注》，臺北：藝文印書館，一九七一年九月。

③宋・劉義慶《世說新語・任誕第二十三》。四部叢刊影明嘉趣堂本，上海：商務印書館，卷下之上，頁一二三。

④《文選》，梁・蕭統編，唐・李善注，上海：上海古籍出版社，一九八六年八月。

⑤梁・鍾嶸《詩品》。今據汪中《詩品注》，臺北：正中書局，一九六九年七月，頁五一。

⑥許文雨《鍾嶸詩品講疏》引吳汝綸《古詩鈔》之說論云：「其駕言出北闕行，唐人《藝文類聚》於題下有『驅車上東門』五字，爲十四篇擬作之一甚明。毋勞以《選注》迂迴訂之。又其遨遊出西城，以辭氣考之，亦明是迴車駕言邁之作。吳鈔發其疑，而不指出陸氏所擬之篇，誠有遺憾已。」成都：成都古籍書店影本，一九八三年五月，頁三二一。

⑦《藝文類聚》樂部一，論樂，唐・歐陽詢撰，汪紹楹校，上海：上海古籍出版社，一九八二年一月新一版，卷四一，頁七四九。汪紹楹引馮校本云：「意是題下注，今混寫耳。」

⑧宋・郭茂倩《樂府詩集》雜曲歌辭一。北京：中華書局，一九七九年十一月，卷六一，頁八八九。

⑨丁嬪娜《陸機研究》論云：「所以名之曰《古詩》，自應以平淺樸實爲上。陸機全以駢儷句法爲之，已失去了《古詩》純樸的風格。若以完全客觀的眼光來看，自屬創新，但若抱著讀《古詩》的心情吟之，則就難免不以爲然了。」臺北：輔仁大學中國文學研究所碩士論文，一九七二年五月，頁四九。

⑩《先秦漢魏晉南北朝詩》，逯欽立輯校，北京：中華書局，一九八三年九月，頁三三四。

⑪王瑤《中古文學史論集》云：「鍾嶸《詩品》言陸機所擬古詩十四首，幾乎一字千金，今《文選》中存十二首。」上海：上海古籍出版社，一九八二年十月，頁七二。又王韶生序云：「擬古則一字千金。」陳恩良《陸機文學研究》，香港：廣華書局，一九六九年二月。

⑫姜亮夫《陸平原年譜》，上海：古典文學出版社，一九五七年七月，頁四〇。其後蔣祖怡、韓泉欣《陸機》即據姜說認爲《擬古》是陸機少作，「看得出他像學畫一樣，從臨摹古典名作入手，雖則模擬的痕跡較深，但也有幾首清新可誦之作。」《中國歷代著名文學家評傳》第一卷，呂慧鵑、劉波、盧達編，濟南：山東教育出版社，一九八三年五月，頁三六〇。

⑬林文月《陸機的擬古詩》。《中古文學論叢》，臺北：大安出版社：一九八九年六月，頁一五七。

⑭陳復興《江文通〈雜體詩三十首〉與蕭統的文學批評》。《文選學論集》，趙福海主編，長春：時代文藝出版社，一九九二年六月，頁一九七。

⑮江淹《雜體詩》三十首，見《文選》卷三一，頁一四六二。鄧仕樑亦指出陸機的「悲情」有三：一則慨節序之推移，二則傷身世之飄泊，三則悲舊鄉之雍隔。《兩晉詩論》，香港：香港中文大學，一九七二年一月，

頁八〇—八二。

⑯《陸機擬古詩新探》，載《理論學習月刊》一九八八年第十二期，頁四六—四八。陳頎、張帆云：「我們將六首擬詩與相應的六首古詩的律句做了統計，六首古詩總句數是九〇句，其中律句是四九句，約佔五四%；而六首擬詩總句數爲九六句，其中律句爲六七句，佔六九·八%。可以看出：擬詩的律句幾佔七成，古詩的律句只佔一半強。這說明古詩之出現律句是偶然的，而擬詩律句的出現則蘊含著作者刻意求工的自覺追求。」

⑰何成邦《陸機文學論稿》，香港中文大學碩士論文，一九八四年六月，頁三二〇—三二一。

⑱毛慶《怎樣評價陸機的擬古詩》，載《中州學刊》一九八七年第一期，頁七七—七九，七〇。

⑲李重華《貞一齋詩說》。《清詩話》，丁福保輯，上海：上海古籍出版社，一九六三年九月，頁九三五。又陳祚明《采菽堂古詩選評》、黃子雲《野鴻詩的》二家引自郝立權《陸士衡詩注》，頁一五九—一六〇。

⑳原見姚範《援鶉堂筆記》卷三八，方東樹《昭昧詹言》。今據《方東樹評古詩選》，汪中編，臺北：聯經出版事業公司，一九七五年五月，卷首，頁三二。

㉑王鍾陵《中國中古詩歌史》，南京：江蘇教育出版社，一九八八年五月，頁三八〇。

㉒王夫之《船山古詩評選，擬明月何皎皎》，見《重刊船山遺書》，臺北：國風出版社，一九六五年九月，卷四，頁二四。

㉓王闓運《八代詩選》，今引自汪中《詩品注》，頁九八。

㉔《玉臺新詠箋注》，徐陵編，吳兆宜注，程琰刪補，穆克宏點校，北京：中華書局，一九八五年六月，頁一

七—二一，又頁一—五。

㉕《陸士衡文集》，四部叢刊影江南圖書館藏明正德覆宋本，上海：商務印書館，卷六。

㉖《玉臺新詠》選《擬西北有高樓》、《擬東城一何高》、《擬蘭若生春陽》、《擬苕苕牽牛星》、《擬青青河畔草》、《擬庭中有奇樹》、《擬涉江采芙蓉》七首；卷三，頁九五—一〇〇。明本增收《擬行行重行行》、《擬明月何皎皎》兩首於卷末，注云：「宋刻不收，今附于後。」頁一二九—一三一。

㉗沈德潛說見《說詩晬語詮評》，蘇文擢著，香港，一九七八年九月，頁一二〇。

㉘《義門讀書記》，何焯著，崔高維點校，北京：中華書局，一九八七年六月，頁九三七。

㉙《南史·宋宗室及諸王下》，唐·李延壽撰，北京：中華書局，一九七五年六月，卷十四，頁三九五。

㉚徐柏青《重評陸機的詩》，載《湖北師範學院學報》一九九〇年第三期，頁六一。

㉛《文選》，掃葉山房石印本，卷七。今據何成邦《陸機文學論稿》引，見注⑰。

㉜《漢魏晉南北朝隋詩鑑賞辭典》，太原：山西人民出版社，一九八九年三月，頁四三五。

㉝前者見《答洪駒父書》，四部叢刊影宋本《豫章黃先生文集》卷十九。後者見釋惠洪《冷齋夜話》引黃庭堅語。

㉞周英雄《結構、語言與文學》。《結構主義的理論與實踐》，周英雄、鄭樹森合編，臺北：黎明文化事業公司，一九八〇年三月，頁五。

（原載《魏晉南北朝文學論集》，頁六二三—六四三，文史哲出版社，臺北，一九九四年十一月）

郭璞《遊仙詩》淺析

魏晉神仙道教和遊仙詩

中國自古即有自然崇拜和祖先崇拜的原始宗教，相信天神、地祇、人鬼的存在，簡言之則是一種鬼神的觀念。當時人人都可以透過祭祀的手段去達成人神的溝通，祈福消災。後來顓頊爲了控制宗教，乃分別設置了專職人員分掌民政和神政。《國語‧楚語》說：

及少皞之衰也，九黎亂德，民神雜糅，不可方物。夫人作享，家爲巫史，無有要質。民匱於祀，而不知其福。烝享無度，民神同位。民瀆齊盟，無有嚴威。神狎民則；不蠲其爲。嘉生不降，無物以享。禍災薦臻，莫盡其氣。顓頊受之，乃命南正重司天以屬神；命火正黎司地以屬民，使復舊常，無相侵瀆。是謂絕地天通。（卷十八）

所謂「絕地天通」主要是限制人民的淫祠迷信，以政教管治風俗，避免人人造神，危害社會，實在是一項劃時代的創舉。其後周代的人文精神及禮樂制度即儘量減少神權色彩，但由國君壟斷祭天的特權，人民只能祭祖。其實政教的創立是一回事，人民的信仰又是另一回事；除了中原地區，當時燕、齊的神仙傳說和楚、越的巫覡信仰還是相當深入民心的，禁之不絕。秦漢以後，燕、齊方士揉雜民間神仙信仰和道家、陰陽家等的學說成爲一種原始道教，其後又吸納若干佛理和禮儀，日漸壯大，唐、宋以後竟發展成爲國教，明、清漸次衰落。然而道教畢竟是唯一從中國本土發展起來的宗教。

神仙道教是中國原始道教的主流。歷史證明人類不可能獲得永生，只好退而求其次的追求延年益壽、享受人生的途徑，道教主要的貢獻在於修煉內丹和外丹，發展科學。至於多彩繽紛的神仙世界、言簡意賅的道家學理、救病濟貧的福利事業、以至組織民衆，替天行道的革命義舉等，都是歷代中國苦難民衆身心兼治的良方，其重要性也就不言而喻了。此外道教對中國文學也有一定的影響，例如古詩從玄言詩、遊仙詩到山水詩的發展顯然就帶有濃厚的道教色彩，由嚮往神仙世界轉而發掘山水空靈的意蘊，淨化人心，因而形成了一個享譽古今的山水詩傳統。其中郭璞的《遊仙詩》更是整個大轉變的樞紐。

神和仙互有不同。大概神是高高在上的，凡夫俗子只能仰視，不能親近。仙則是活潑好動的，只要勤於修煉，大家都有機會位列仙班，例如傳說中的八仙也是由普通人轉化過去的。《說文》曰：「僊，長生僊去（段玉裁注：「僊去疑當爲䙴去」）。」《釋名》曰：「老而不死曰仙。」從字義的訓釋來看，「僊」和「仙」都含有長生不死的意思，不過成仙的途徑不同，前者升高而去，後者則遁入山中，因此這兩個字也就成爲異體字了。郭璞的《遊仙詩》說的也是這兩類的內容，但加上聲律、詞采、意象、興寄等「美」的包裝，文學史上地位頗高。

關於遊仙詩的起源，黃節以爲始於屈原的《遠遊》。屈原滿懷幽憤，又生活於巫風盛行的楚國，因此容易引發神仙幻想，實則寄情政治，有借仙境以擺脫人世的苦悶之意。秦漢以後，遊仙詩雖然仍未正式登場，但遊仙的題材一直都在文學作品中迴蕩，秦始皇的《仙眞人詩》現已失傳，但淮南王劉安的《八公操》卻不失爲第一首遊仙詩的代表作，他如民間或樂府的《茅君父老歌》、《鐃歌・上陵曲》、《董逃行・上謁》、《善哉行・來日大難》、《長歌行・仙騎白鹿》等，以至司馬相如的《大人賦》、張衡的《思玄賦》等，都有意無意的散佈神仙思想。其實遊仙詩固然與談玄論道有關，然而卻更曲折地表現了一個「隱」的主題，茫茫濁世，何處淨土，文士內心的苦悶，也只好寄情於幻想了。魏晉時代是遊仙詩的高潮，曹丕、曹植、嵇康等人均有遊仙之作，然而他們有時卻又不相信神仙傳說；例如《古詩十九首》：「服食求神仙，多爲藥所誤」，曹植《贈白馬王彪》：「虛無求列仙，松子久吾欺」，大抵都是徹悟之言，可以代表建安時代慷慨激昂、滿懷自信的歌音。此後篡弒相繼，政局混亂，瘟疫流行，屠戮亦慘。曹丕《與吳質書》：「昔年（建安二十三年，二一八）疾疫，親故多離其災，徐、陳、應、劉，一時俱逝，痛可言邪！」天災人禍，連帝王也感束手；文人面對這個苦難的世界，自然更想遁入虛無，此後遊仙詩即多與玄言詩結合，奄奄一息。中間除郭璞一度振蔽起衰之外，其他幾乎無足稱述。劉勰《文心雕龍・明詩》云：

江左篇製，溺乎玄風，嗤笑徇務之志，崇盛忘機之談，袁（宏）、孫（綽）已下，雖各有雕采，而辭趣一揆，莫與爭雄，所以景純仙篇，挺拔而爲俊矣。

又《才略篇》云：

景純豔逸，足冠中興，郊賦既穆穆以大觀，仙詩亦飄飄而凌雲矣。

鍾嶸《詩品》亦云：

永嘉時，貴黃老，稍尚虛談。於時篇什，理過其辭，淡乎寡味。爰及江左，微波尚傳，孫綽、許詢、桓（溫）、庾（亮）諸公，詩皆平典似道德論，建安風力盡矣。先是郭景純用雋上之才，變創其體。劉越石仗清剛之氣，贊成厥美。然彼眾我寡，未能動俗。

又云：

永嘉以來，清虛在俗。王武子輩詩（王濟、杜預），貴道家之言。爰洎江表，玄風尚備。真長（劉惔）、仲祖（王濛）、桓、庾諸公猶相襲，世稱孫、許，彌善恬淡之詞。

劉勰、鍾嶸兩位大文論家都一致稱許郭璞《遊仙詩》在文學史上的地位，主要是說他能突破玄言詩的傳統，以山川草木襯托濃厚的遊仙思想，以自然美景代替虛無縹緲的仙界，更主要的是反映亂世人心的苦悶；變創詩體，立意高遠，表現一種挺拔凌雲的美，超邁流俗。

郭璞《遊仙詩》的主題結構和藝術特點

郭璞（二七六—三二四），字景純，河東聞喜人（今山西省）。《晉書》本傳說他好經術，博學有高才，而訥於言論；詞賦爲中興之冠，好古文奇字，妙於陰陽、算曆、五行、天文、卜筮之術；持性輕易，不修威儀，嗜酒好色，時或過度，晚歲尤甚。懷帝永嘉五年（三一一），由於王室內部互相殘殺，山西南部戰亂頻仍，郭璞過江，宣城太守殷祐引爲參軍，後以占筮靈驗，轉王導幕下；再轉著作佐郎、尙書郎等，上疏省刑。王敦舉兵武昌（三二二），郭璞原以母憂去職，未幾王敦強璞爲記事參軍，璞不敢辭，終以才高招忌，以身犯難，直諫受禍，竟爲王敦所殺。敦平，追贈弘農太守。

郭璞詩今存四言十九首，五言《遊仙詩》亦十九首，其他殘缺的四、五言詩八首，見逯欽立《先秦漢魏南北朝詩》所輯。《遊仙詩》十九首中，完整者僅十首，其他亦屬殘缺，存詩極少。《文選》選錄七首最精，可以說是郭璞詩的代表作，故本文所論亦以此七首爲主。

郭璞《遊仙詩》的創作年代殆不可考，劉勰、鍾嶸均以爲江左中興之作，大概可靠。陳沆根據「青谿千餘仞」一句定爲晚年從王敦荊州之作，其實詩中亦有「雖欲騰丹谿」之句，主要是表現山川彩色，陳沆確指某地，未免穿鑿。不過諸詩主旨相近，風格相類，託辭隱遯，而寄慨激越，可信爲南渡後一時一地之作，彼此亦有若干內在聯繫。例如其一是說進退兩難，寧願「高蹈風塵外」；其二入青谿爲道士，蹇脩不存，世無我識；其三摹寫遊仙之樂；其四臨川年邁，撫心悲吒；其五嗟明珠闇投，悲痛欲絕；其六說人世將有巨變，惟遊仙可以保生；其七月盈見魄，秋令當至，合當遠引，末句「長揖當塗人，去來山林客」適與其一開篇「京華遊俠窟，山林隱遯棲」遙應，遊仙的抉擇更加明確無疑。七詩結構綿密，是對人世苦難嚴肅的反思，哀痛的情緣已經昇華爲一分智慧，一分美。惟《文選》李善注云：

凡遊仙之篇，皆所以滓濊塵網，錙銖纓紱，飡霞倒景，餌玉玄都。而璞之制，文多自敘，雖志狹中區，而辭無（胡克家《考異》以爲當作「兼」）俗累，見非前識，良有以哉！

李善批評郭璞的遊仙均出假託，實是自敘身世，並非眞正有意超脫；加以郭璞雖早有所見，惟不能及早隱遯，終爲王敦所害，入世之念過深，戀棧功名，黯於自見，眞是絕大的諷刺。

郭詩的成就主要在藝術表現方面。他創造了人間仙境，同時也回顧了黯淡的人世，兩相比較，世人又該如何抉擇呢？他認爲仙境是這樣的：

閶闔西南來，潛波渙鱗起。靈妃顧我笑，粲然啓玉齒。（其二）

放情陵霄外，嚼蘂挹飛泉。赤松臨上遊，駕鴻乘紫煙。左挹浮丘袖，右拍洪崖肩。（其三）

呑舟涌海底，高浪駕蓬萊。神仙排雲出，但見金銀臺。陵陽挹丹溜，容成揮玉杯。姮娥揚妙音，洪崖頷其頤。升降隨長煙，飄颻戲九垓。奇齡邁五龍，千歲方嬰孩。（其六）

圓丘有奇草，鍾山出靈液。（其七）

仙境有時煙霞瀰漫，有時金光燦照，奇草靈液，足以養生，衆多的仙侶遊戲其間，歡欣喜樂。詩人以超現實的想像所構擬出來的仙境，其實都是大自然山林海崖的幻影，如果眞心隱遯，世人自可找到入山的路向。

臨源挹清波，陵崗掇丹荑。靈谿可盤潛，安事登雲梯？（其一）

青谿千餘仞，中有一道士。雲生梁棟間，風出窗戶裏。（其二）

翡翠戲蘭苕，容色更相鮮。綠蘿結高林，蒙籠蓋一山。（其三）

這些都是郭詩對大自然的描寫，不禁使人驚覺，原來仙境也就是人境，只要透過「隱」的途徑即可找到。然而世人又豈肯輕易放棄「仕」呢？仕途是可怖的，詩人早就悟到，一經深陷，便難拔足。因此詩人認定了人世是一連串的無奈和悲哀，人力又是極端的微弱。

六龍安可頓，運流有代謝。時變感人思，已秋復願夏。淮海變微禽，吾生獨不化。雖欲騰丹谿，雲螭非我駕。愧無魯陽德，迴日向三舍。臨川哀年邁，撫心獨悲吒。（其四）

珪璋雖特達，明月難闇投。潛穎怨青陽，陵苕哀素秋。（其五）

雜縣寓魯門，風暖將爲災。……燕昭無靈氣，漢武非仙才。（其六）

晦朔如循環，月盈已見魄。蓐收清西陸，朱羲將由白。寒露拂陵苕，女蘿辭松柏。蕣榮不終朝，蜉蝣豈見夕。（其七）

郭璞詩盡量擺脫玄言詩缺乏興會，語言乾枯的說理。詩中唯一一聯比較有說理傾向的例子該是「進則保龍見，退爲觸藩羝」了，但詩人還是用了《易經》的典故來深化句意，而「龍」和「羝」也是兩組富有生活氣息的動物形象，拿來比喻人事，喻意自見。大抵郭璞多用敘述、描寫、對比、暗示、舊典、神話等種種手段來營造他的詩句，不甘平淡。由於他對神話小說及方技雜學很有興趣，曾注《山海經》、《穆天子傳》、《爾雅》、《楚辭》等書，見識宏博，因此對於駕馭詩中的典故顯得非常輕鬆，而他的《遊仙詩》也因此而倍添迷離色彩，絢麗奪目。其實郭詩的藝術特點主要是他能看透世情，又善於模山範水，然後再運用個人豐富的想像力和學力去構築仙境，寄託情志，反映現實，表現自我。將文學中「隱」的主題發揮得淋漓盡緻，慷慨綺靡，兼具建安與正始的風姿，超拔流俗，促成晉詩的中興。此外他對大自然山川煙樹的描寫也加速了山水詩的發展步伐，從此山水田園即成了中國詩人安身立命之所，洗滌性靈，不再託意於仙境了。劉勰《文心雕龍・明詩》說：「宋初文詠，體有因革，莊老告退，而山水方滋。」指出詩體演變的歷程，而郭璞當然就是從玄言詩過渡到山水詩的關鍵人物了。可惜郭璞傳世的作品較少，甚至《遊仙詩》也有殘佚，現在已很難作全面的評價。鍾嶸《詩品》云：

> 晉宏農太守郭璞詩：憲章潘岳，文體相輝，彪炳可玩。始變永嘉平淡之體，故稱中興第一，翰林以爲詩首。但遊仙之作，詞多慷慨，乖遠玄宗。其云「奈何虎豹姿」，又云「戢翼棲榛梗」，乃是坎壈詠懷，非列仙之趣也。

鍾嶸的分析和評價完全正確，所謂慷慨詠懷，非列仙之趣等頗能揭示郭詩的特點。其所引佚詩兩句更見激越，可能也因爲這個緣故而不能獲存於世。

（原載《孔孟月刊》第二九卷第六期，頁四七—五〇，臺北，一九九一年二月。）

唐詩中的齊梁體

一

唐詩體裁，可分爲古詩、樂府、律詩、絕句四種；嚴格來說則可歸納爲古體、律體兩類。其實尙有所謂齊梁體者，作品較少，不大爲人注意。宋嚴羽《滄浪詩話》謂詩體以時代分有十六體，而南北朝佔四體：

元嘉體：宋年號。顏鮑謝諸公之詩。

永明體：齊年號。齊諸公之詩。

齊梁體：通兩朝而言之。

南北朝體：通魏周而言之。與齊梁體一也。

又唐初一體：

唐初體：唐初猶襲陳隋之體。

北朝詩風之盛不及南朝；但南朝運祚短促，政權的轉移較快。故四朝詩體雖有不同，大致上還十分相似，一直延續至唐初。其中尤以齊、梁兩代，風格更趨接近，最具代表性。故上列五體中，除元嘉體外，其他四體的義界並不明顯，即統稱之爲齊梁體，亦無不可。①惟嚴氏此論，未免籠統瑣碎，分合之間，並無準則。清馮班《鈍吟雜錄》有「嚴氏糾謬」一章，大肆抨擊。其論永明體、齊梁體兩者之關係云：

永明之代，王元長、沈休文、謝朓三公皆有盛名於一時，始創聲病之論，以爲前人未知。一時文體驟變，文字皆避八病。一簡之內，音韻不同，二韻之間，輕重悉異。其文二句一聯，四句一絕，聲韻相避，文字不可增減。自永明至唐初，皆齊梁體也。至沈佺期、宋之問變爲新體，聲律益嚴，謂之律詩。陳子昂學阮公爲古詩，後代文人，始爲古體詩。唐詩有古、律二體，始變齊梁之格矣。今敍永明體，但云齊諸公之詩，不云自齊至唐初，不云沈謝，知其胸中憒憒也。齊時如江文通詩，不用聲病，梁武不知平上去入，其詩仍是太康元嘉舊體，若直言齊梁諸公，則混然矣。齊代短祚，王元長、謝元暉皆歿於當代，不終天年。沈休文、何仲言、吳叔庠、劉孝綽皆一時名人，並入梁朝，故聲病之格，通言齊梁；若以詩體言，則直至唐初，皆齊梁體也。白太傅尚有格詩，李義山、溫飛卿皆有齊梁格詩，但律詩已盛，齊梁體遂微。後人不知，或以爲古詩。若明辨詩體，當云齊梁體創於沈謝，南北相仍，以至唐景雲龍紀始變爲律體。如此方明，此非滄浪所知。②

馮氏詳敍此體音韻特色、代表作者以至源流正變，並主張通言齊梁，不必強生分別，可謂翔實。惟誤會白居易之「格詩」即齊梁體，亦有不當，後詳。此外清錢木庵、施補華二氏亦有所論③。錢氏《唐音審體》「古詩四言五言論」一條云：

五言詩始於漢元封，盛於魏建安，陳思王其弁冕也。……其先本無排偶，晉，排偶之始也，齊、梁，排偶之盛也，陳、隋，排偶之極也。齊永明中，沈約、謝朓、王融創爲聲病，一時文體驟變。謝玄暉、王元長皆沒於當代，沈休文與是時作手何仲言、吳叔庠、劉孝綽等並入梁朝，故通謂之齊梁體。自永明以迄唐之神龍、景雲，有齊梁體，無古詩也。雖其氣格近古者，其文皆有聲病。陳子昂崛起，始創闢爲古詩，至李、杜益張而大之，於是永明之格漸微。今人弗考，遂概以爲古詩，誤也。（頁七八〇）

又「齊梁體論」一條云：

陳拾遺與沈、宋、王、楊、盧、駱時代相同，諸家皆有律詩，蓋沈、宋倡之。古詩以拾遺獨擅，餘皆齊梁格也。（頁七八一）

施氏《峴傭說詩》亦云：

齊、梁、陳、隋間，自謝玄暉、江文通外，古詩皆帶律體，氣弱骨靡，思淫聲哀，亡國之音也。退之云：「齊梁及陳隋，眾作等蟬噪。」不爲刻論矣。唐初五言古，猶沿六朝綺靡之習，唯陳子昂、張九齡直接漢、魏，骨峻神竦，思深力遒，復古之功大矣。（頁九七七）

二家除通論源流體製外，錢氏更著眼於排偶方面，頗得永明神髓。施氏則著眼於氣骨方面，略持貶斥之意。此外，諸家一致把初唐詩列入齊梁體的範圍內，僅個別詩人如陳子昂、張九齡等可以倖免，亦爲的論。

總而言之，所謂齊梁體者，是通指齊、梁、陳、隋以至初唐作品的詩風、體製說的。這主要由於齊永明年間漢字聲調的發現，促使作者認眞改革詩歌的音律節奏，由板重而變得流麗；同時更結合傳統詩歌所講求對偶形式的經驗，深入研究；此外並歸納出一些浮聲切響，四聲八病的理論，導至詩風一變。單言之固可稱爲永明體，若與梁代連舉，那就是齊梁體了。兩代詩風基本相似，只不過齊代國祚較短，一切創作的理論到了梁代始得實踐。初唐經過歷代詩人的努力，因而更促成律詩的誕生，與古詩分庭抗禮，各領風騷。可以說：齊梁體是古體和律體間重要的過渡階段。

二

白居易集有所謂「格詩」、「半格詩」者④，前引馮班說謂即齊梁體，實見錯誤。此說清初頗爲流行。例如納蘭性德《淥水亭雜識》說：

建安無偶句，西晉頗有之，日盛月加，至梁陳謂之格詩。有排偶而無粘。沈宋又加翦裁，成五言唐律。長慶集中，尚有半格體。⑤

此實無中生有之論，未知所據。又趙執信《談龍錄》說：

頃見阮翁雜著，呼律詩爲格詩。是猶歐陽公以八分爲隸也。⑥

趙氏與王士禛素有嫌隙，此事或出厚誣。惟趙氏卻別稱「合齊梁者爲格詩」⑦，甚至更引白居易「小閣閒坐」著於聲調譜中⑧，以所謂「半格詩」爲齊梁體，是又不止「八分爲隸」之譏也。姚範《援鶉堂筆記》斥之曰：

> 夫白之格詩，一皆里老竈婢之詞，不近齊梁不必言。但以聲病而論，則永明詩體，蓋求之於浮聲切響飛沈雙疊，原未嘗核之於粘綴之間，亦未嘗以一三五等字與取韻平側異者爲聲病也。……
> ……大約後人之云齊梁體，取其詞氣之近似，非能悉合其聲病之說也。

聲病之說，今已難明。惟取韻、平仄、粘綴諸項尚可與律體對照以探尋一二。姚氏之指摘未免過苛，但開宗明義即揭示「格詩」屬「里老竈婢之詞，不近齊梁」，明指古體言也。趙氏的大前提已誤，實無足取。

其實「格詩」也就是「古詩」，可能是白居易自創的新名。例如他在「後序」中說：

> 邇來復有格詩、律詩、碑誌、序記、表贊，以類相附，合爲卷軸，又從五十一以降，卷而第之。（卷二十一、頁四五四）

又《故京兆元少尹文集序》說：

> 居敬姓元，名宗簡，河南人。自舉進士，歷御史府、尚書郎、訖京亞尹，凡二十年。著格詩一百八十五、律詩五百九、賦述銘記書碣讚序七十五：總七百六十九章，合三十卷。（卷六十八、頁一四二四）

又《香山寺白氏洛中集記》說：

> 其間賦格、律詩凡八百首，合爲十卷，今納于龍門香山寺經藏堂。（卷七十一、頁一四九九）

觀此三例，「格詩」均與律詩對舉，其確爲古詩無疑。又白居易集卷二十一「格詩歌行雜體」有「九日代羅樊二妓招舒著作」一詩，下注「齊梁格」（頁四七四），蓋非格詩古體，當即白氏所謂「雜體」，故特別注明，以免混淆。

至於「半格詩」者，亦非專名。蓋卷三十六「半格詩律詩附」是說該卷上半屬古詩，下半附律詩。故「目錄」於「春池閑泛」一詩下有「已下律詩」四字，也就清楚不過了。後人不察，以「半格詩」爲另一種新詩體，實屬無稽。此二事前賢亦多辨識清楚，如清汪立名於《白香山詩後集》⑨及姚範《援鶉堂筆記》均各有說。奈何近人不察，以訛傳訛，如王力《漢語詩律學》仍稱齊梁體爲格詩⑩，蓋尚沿趙執信《聲調譜》之誤也。

三

初唐詩多屬齊梁體。蓋當時律體尚在摸索階段，未臻成熟。作者雖刻意求律，卻未必刻意求工，猶有幾分自然的姿色，不嫌造作。馮班《鈍吟雜錄》說：「七言古詩，……如唐初盧、駱諸篇，有聲病者，自是齊梁體。」⑪自可代表初唐四傑及沈、宋等作家作品來說。惟自盛唐以後，古詩力追漢魏風骨；律詩絕句亦已成熟，廣泛流行；樂府方面更見革新，有所謂「新樂府」出現，反映現實，爲民請命。詩壇面目劇變。而齊梁體在滾滾的時代洪流下，遂顯得奄奄一息，瀕於絕滅了。這實由本身的內部因素所決定。郭紹虞《滄浪詩話校釋》說：

案齊梁體可有二義：一指風格，即陳子昂所謂「彩麗競繁，而興寄都絕」，《朱子語類》所謂「齊梁間之詩讀之使人四肢皆嬾慢不收拾」者也。一指格律，則與永明體相近。……姚範《援鶉堂筆記》謂：「稱永明體者以其拘于聲病也；稱齊梁體者，以綺艷及詠物之纖麗也。」此說似較簡明扼要。⑫

所謂第一義者，先天不足；第二義者，後天失調。畢竟時代不同，齊梁體遂在不知不覺中銷聲匿迹，僅在某些場合中留下一些影子而已。

中唐以後，古體與律體分庭抗禮，雄霸整個詩壇。當時律體已有基本的平仄律出現了，寫古體的人，便故意在平仄、黏對、拗句等方面下功夫，以示與律體有別。到了清代，王士禛、趙執信二氏更以之訂譜，矜爲創獲。這種理論，到了王力《漢語詩律學》以後，更蔚爲大觀，古體幾無句不律了；漢魏自然音節，蕩然無存。對於齊梁體的音律，暫亦不妨作如是觀。

初唐以前的齊梁體，雖講求律句，卻沒有一套成法盤亙胸中，多少保留一些古體的自然音節，不嫌造作。可是中唐以後的齊梁體，便有意將律體和古體結合起來，在平仄律中添些拗亂，掩人耳目，其實只是假裝而已，所以試驗並沒有成功。

四

清人研究齊梁體，首推趙執信的《聲調譜》。他一共舉出了沈佺期《和杜麟臺元志春情》、白居易《宿東亭曉興》、溫庭筠《邊笳曲》、李商隱《晴雲》四首爲例，均屬五言。或八句，或八句以上；或平韻，或仄韻。如照他歸納所得，齊梁體大概有不粘上句、折腰、仄韻詩出句末字亦用仄及下三平等現象出現，都是一般律詩的禁忌；另方面律句、律聯亦多，亦與古詩不同；最後並無明確的結論。又趙氏所舉四詩中，沈、溫、李三首固屬齊梁體，惟白居易「宿東亭曉興」一詩在集中屬格詩（頁四六二），即古體也。趙氏云：「若上句末字平及下聯與上聯相黏，便是仄韻律詩也。」似自詡悟得齊梁體的特徵，翁方綱評之曰：「此首之論亦是，但前篇以齊梁體標目，卻不可以概此。」⑬不同意以格詩爲齊梁體，趙氏舉例不當。此外，趙氏尚列「半格詩」一體，並以白居易「小閣閒坐」爲證，謂前六句屬古體，後六句屬齊梁，附會之談，更不可信。翁氏以爲須將標目半格詩刪去，其實此詩在集中自屬古體（頁八一四），亦不宜與齊梁體混爲一談。

翟翬《聲調譜拾遺》亦論及齊梁體，他共舉出了杜甫《寄贈王十將軍承（俊）》、韋應物《示全眞元常》、《初發揚子寄元大校書》、溫庭筠《酬友人》四例，並歸納得不粘、三平、落字仄等現象⑭。蓋補充趙說，亦欠具體。不過，他最大的錯誤是完全著眼於平仄方面，不顧齊梁「本色」，且所選四例在諸家集中全屬古體，不聞有倣效齊梁之說。所以，他的理論站不住腳。近人王力《漢語詩律學》沿襲趙、翟二氏之說，除誤認格詩爲齊梁體外，更歸納出「只有五言，沒有七言」的謬論（頁四二八）。此外他還創造出「齊梁式的五律」一名，並舉杜甫《寄贈王十將軍承俊》、《秦州雜詩》、王維《被出濟州》、韓愈《獨釣》諸詩爲證（頁四五六）。僅憑臆度，全乏證據，而齊梁體的風神原貌愈模糊不可辨了。

趙、翟、王三氏僅著眼於平仄、黏對的現象，自難成說，甚至更與古詩的格律理論相混，迷途漸遠。於是馮浩《玉谿生詩集箋注》又發揮聲病之說以爲補充，他在李商隱《齊梁晴雲》一詩下注說：

> 齊梁體爲變古入律之漸，今就其粗迹論之，排偶多而散行少也，采色濃而澹語鮮也。分句言之，有律句焉，有古句焉；合一章言之，上下不相黏綴也。然此皆皮相耳，其精微全在聲病。……聲病之學，專家實鮮，四聲中各有五音，況僅以平仄分之，更何從得其趣哉？李淑詩苑詳論八病，未可信也。鈍吟之論旁紐、正紐、蜂腰、鶴膝，似是矣。上尾之說，吾又不謂然。蓋字既同矣，何音之足論？秋谷止辨平仄，似猶淺也。音韻一途，浩未究心，不敢強爲之辭。史言約之諸賦，亦往往乖聲韻，而陸厥致書辨難，蓋當時已多不信從者，工拙固非專在是也。⑮

案馮氏所謂「排偶多」、「采色濃」二語，已得齊梁體之精髓。至於聲病說之內容，終欠具體。前引馮班、姚範二家之說亦嘗論及。此事容或有據，今已難明，雖論者代有其人，惟唐人已不大了了，暫不深究。

李鍈的《詩法簡錄》⑯對這方面的研究比較特出。他把齊梁體分別納入五古和七古的範圍內，並選取齊梁至中晚唐一些較具代表性的作品加以研究，取徑最確。例如五言有：

齊謝脁《暫使下都夜發新林至京邑贈西府同僚》（以下平韻）

又《新亭渚別范零陵雲》

梁庾肩吾《和望月》

隋薛道衡《昔昔鹽》

齊王融《巫山高》（以下仄韻）

梁沈約《傷謝脁》

北周庾信《對酒歌》

梁武帝《西洲曲》（以下換韻）

隋薛道衡《敬酬楊僕射山齋獨坐》

七言有：

梁沈君攸《薄暮動弦歌》（以下平韻）

梁江總《閨怨篇》

北周庾信《烏夜啼》

梁元帝《烏栖曲》（以下仄韻）

唐溫庭筠《春曉曲》

梁元帝《燕歌行》（以下換韻）
唐盧照鄰《長安古意》
唐劉希夷《公子行》
唐白居易《長恨歌》

凡十八首，足將齊梁體的源流正變鈎勒出來。此外他更在平仄律以外建立一系列重要的理論：

①齊梁體爲唐律所自出，乃由古入律之間，既異古調，又未成律，故別爲一格。其詩有平仄而乏粘聯，其句中調叶平仄亦在疏密之間。（卷三，頁五八）

②風韻色澤，在六朝豔體中自是擅場，非唐人香奩體所能遽及。學者亦當於風韻色澤中求之，非但作一不粘之律詩，遂可名齊梁體也。（卷三，頁六一）

③平韻七古不宜學齊梁體，以聲調近律，有傷氣格故也。觀唐人平韻七古用齊梁體者絕少可見。（卷七，頁一三九）

④少陵七古源出漢魏，其音節雄豪激宕，以沈鬱頓挫爲主，變雅之遺也。初唐七古源本齊梁，其音節宛轉關生，以流利圓脱爲主，國風之遺也。二者均不可廢。學者若欲敘述民間疾苦，鋪陳時事，或自抒胸臆，當法少陵。若寫宮闈瑣事，閨閣幽懷，當法初唐聲音之道。通於性情，固各有其義類也。（卷七，頁一四四）

⑤（長恨歌）「此元和體也，亦名長慶體。香山自謂詩到元和體變新，其實仍源於齊梁及初唐耳，

故附於齊梁體後論及之。近代吳梅村七古專宗此體，亦足名家。（卷七，頁一四八）

他很注意「風韻色澤」、「音節宛轉」這些特徵。而且齊梁體亦適宜表達「宮闈瑣事」、「閨閣幽懷」，只要是眞性情的流露，亦足名家，不可盲目擯斥。他引證名作甚多，也就是很好的說明了。至於他所說元和體亦可算入，見仁見智，頗難論定，似仍以歸入樂府爲是。

五

初唐詩多屬齊梁體作品，無論合律與否，原極自然。其音律特色亦多見於李鍈《詩法易簡錄》所引諸例，可以不贅。我們最後想要談的，倒是中唐以後齊梁體的發展情況。本文所引諸例均經嚴格挑選：一是作者註明蓄意模倣齊梁體的，二是同時代的人肯挺身作證的。然後再歸納出一些特徵看看。那麼古體與律體間的演變消息，可思參半了。同時中晚唐詩人通過實踐對齊梁體所描繪的形象，總較我們後人的猜想更接近原貌吧！

1. 九日代羅樊二妓招舒著作（齊梁格）

白居易

羅敷斂雙袂，拗律句　樊姬獻一杯。不粘

不見舒員外，不粘　秋菊爲誰開。不粘　（卷二十一，頁四七四）

2. 齊梁晴雲

李商隱

緩逐煙波起，　如妒柳綿飄。不粘

故臨飛閣渡，不粘　欲入迴陂銷。律聯

縈歌憐畫扇，不粘　敞景弄柔條。律聯

更耐天南位，　牛渚宿殘宵。不粘　（頁六七七）

馮浩曰：「中二聯分之皆律，合之不粘，首尾則本聯皆不粘也，與徐、庾輩詩音節甚符，可見斯體之大略，其聲病則未深曉。」

趙執信曰：「次句與末句上下不粘，只本句調。」（頁三四〇）

3. 效徐陵體贈更衣　李商隱

密帳眞珠絡，　溫幃翡翠裝。律聯

楚腰知便寵，　宮眉正鬥強。不粘

結帶懸梔子，不粘　繡領刺鴛鴦。不粘

輕寒衣省夜，不粘　金斗熨沈香。律聯　（頁六八一）

馮浩曰：「首尾兩聯律句也，中四句皆不粘，與上章同，即齊梁體也。」

4. 又效江南曲　李商隱

郎船安兩槳，　儂舸動雙橈。

掃黛開宮額，　裁裙約楚腰。

乖期方積思，　　臨醉欲拚嬌。
莫以采菱唱，第三字仄　欲羨秦臺簫。三平，不粘　（頁六八一）

馮浩曰：「末聯仍不粘也。」

5. **邊笳曲**　溫庭筠

朔管迎秋動，末字仄　雕陰雁來早。拗律句
上郡隱黃雲，不粘　天山吹白草。律聯
嘶馬渡寒磧，末字仄，不粘　朝陽照霜堡。拗律句
江南戍客心，　門外芙蓉老。律聯

韋轂《才調集》云：「此後齊梁體七首」。⑰

6. **春曉曲**　溫庭筠

家臨長信往來道。第五字仄　乳燕雙雙拂煙草。拗律句
油壁車輕金犢肥，　流蘇帳曉春雞早。律聯
籠中嬌鳥暖猶睡，第五字仄　簾外落花閒不掃。
衰桃一樹近前池，不粘　似惜紅顏鏡中老。拗律句

7. **俠客行**　溫庭筠

欲出鴻都門，三平　陰雲蔽城闕。拗律句

寶劍黯如水，第三字仄，末字仄　微紅濕餘血。拗律句
白馬夜嚬驚，不粘　三更灞陵雪。拗律句

8. 春日

溫庭筠

柳暗杏花稀。　梅染乳燕飛。拗句
美人鸞鏡笑，　嘶馬雁門歸。律聯
楚宮雲影薄，不粘　臺城心賞違。不粘
從來千里恨，　邊色滿戎衣。律聯

9. 詠嚬

溫庭筠

毛羽斂愁翠，第三字仄　黛嬌攢豔春。
恨容偏落淚，　低態定思人。律聯
枕上夢隨月，第三字仄　扇邊歌繞塵。
玉鉤鸞不住，　波淺石磷磷。律聯

10. 太子西池二首

溫庭筠

梨花雪壓枝。鶯囀柳如絲。
懶逐粧成曉，春融覺夢遲。
鬢輕全作影，嚬淺未成眉。

莫信張公子，窗間斷暗期。

11. **其　二**

花紅蘭紫莖。愁草雨新晴。
柳占三春色，鶯偷百鳥聲。
日長嫌輦重，風暖覺衣輕。
薄暮香塵起，長楊落照明。

二首全用律體。

12. **寄題天台國清寺齊梁體⑱**　皮日休

十里松門國清路。拗律句　飯猿臺上菩提樹。
怪來煙雨落晴天，　元是海風吹瀑布。律聯

13. **同　前**　陸龜蒙

峯帶樓臺天外立。明河色近罘罳濕。律聯
松間石上定僧寒，半夜楢溪水聲急。拗律句

14. **齊梁怨別**　陸龜蒙

寥寥缺月看將落。　簷外霜華染羅幕。拗律句
不知蘭櫂到何山，不粘　應倚相思樹邊泊。拗律句

15. **奉和魯望齊梁怨別次韻** 皮日休

芙蓉泣恨紅鉛落。一朵別時燕似幕。律聯

鴛鴦剛解惱離心，不粘 夜夜飛來櫂邊泊。拗律句

16. **題故人別業（齊梁調詩）** 張　謂

平子歸田處，園林接汝濆。

落花開户入，啼鳥隔窗聞。

池淨流春水，山明斂霽雲。

晝遊仍不厭，乘月夜尋君。⑲

此首全用律體。

以上凡十六首，論色澤音韻，自與李鍈所論相近。至於平仄粘對方面，亦足有申言之者。

①五、七言兼備，而以五言爲多。

②全詩以八句爲主，其次爲四句，亦有作六句者。

③《太子西池》二首、《題故人別業》全部合律，與一般律詩無別。《詠噸》除第一、五句兩見第三字仄（即犯孤平）的現象外，餘均合律。《寄題天台國清寺齊梁體》二首各見一拗律句，餘均合律。

④失粘現象最爲常見。

⑤律聯、律句亦常見。

⑥下三平現象兩見。如

「欲羨秦臺簫」（又效江南曲）

「欲出鴻都門」（俠客行）

⑦拗句一見。如

「梅染乳燕飛」（春日）

⑧平、仄韻兼備。然未見轉韻，蓋尚未發現長調故也。

⑨仄韻詩出句有末字仄的現象，凡三見。

⑩五言有第三字仄，七言有第五字仄的現象，即犯孤平。凡六見。

「莫以采菱唱」（又效江南曲）

「寶劍黯如水」（俠客行）

「毛羽斂愁翠」（詠嚬）

「枕上夢隨月」（詠嚬）

「家臨長信往來道」（春曉曲）

「籠中嬌鳥暖猶睡」（春曉曲）

⑪拗律句出現亦多，如五言拗作「平平仄平仄」，七言則計末五字。此爲律體出句所常見。惟諸

例多見於仄韻對句中，位置不同。凡十三例。

「羅敷斂雙娥」（九日代羅樊二妓招舒著作）

「雕陰雁來早」（邊笳曲）

「朝陽照霜堡」（邊笳曲）

「陰雲蔽城闕」（俠客行）

「微紅濕餘血」（俠客行）

「三更灞陵雪」（俠客行）

「乳燕雙雙拂煙草」（春曉曲）

「似惜紅顏鏡中老」（春曉曲）

「十里松門國清路」（皮日休寄題天台國清寺齊梁體）

「半夜楢溪水聲急」（陸龜蒙寄題天台國清寺齊梁體）

「簷外霜華染羅幕」（齊梁怨別）

「應倚相思樹邊泊」（齊梁怨別）

「夜夜飛來櫂邊泊」（奉和魯望齊梁怨別次韻）

綜上所述，可知中晚唐時所謂齊梁體者基本上已接近律體，甚至全首合律，亦無不可。只不過有時故意又用拗律句、失粘、仄韻等現象把它們區別開來。至於當時古體所常見的下三平、末字仄，第三字仄（七言第五字仄）等現象，齊梁體儘可能不用。可以說：它距離律體較近，距古體較遠；初唐的自然音節稍遜，人工的音律增多。此外，齊梁體與聲律的關係較小，與風韻色澤的關係仍大。雖有託意，仍出之以豔情豔筆，彩色濃麗。姚範所謂「以綺豔及詠物之纖麗也」。其後皮、陸《寄題天台國清寺》二詩稍覺清淡，似屬變格。無論如何，這種詩體已經僵化了，只剩下一些歷史陳迹供人憑弔，中晚唐諸家也沒有打算使它復活過來，我們後人更不必妄作嘗試了。雖說如此，中晚唐詩人卻將聲律及風韻色澤種種特徵發揮出來，改用於詞體的創作上，另闢蹊徑，竟然獲得了意外的成就，未必與齊梁體無關。例如宋人已將溫庭筠的《春曉曲》唱入《玉樓春》中⑳，而溫庭筠剛好就是花間詞的創始者，這不是很明顯的例子嗎？

【註　釋】

① 嚴羽謂詩體以人而論則得三十六體，其中「徐庾體」似亦可歸入齊梁體內。
② 馮班《鈍吟雜錄》卷五，臺北：廣文書局筆記續編本，一九七〇年十月再版。
③ 錢木庵《唐詩審體》及施補華《峴傭說詩》均據丁福保《清詩話》，上海：上海古籍出版社，一九七八年九月新一版。
④ 例如卷二十一格詩歌行雜體、卷二十二格詩雜體、卷三十格詩、卷三十六半格詩律詩附。《白居易集》，顧學頡校點本，北京：中華書局，一九七九年十月。

⑤ 納蘭性德《淥水亭雜識》，卷四。上海：文明書局石印本，一九一〇年。
⑥ 丁福保《清詩話》，頁三一一。
⑦ 姚範《援鶉堂筆記》卷四十四《文史談藝》引。廣文書局筆記四編本，一九七一年八月。
⑧ 同註六，頁三四〇。
⑨ 《白香山詩後集》，頁二三一，世界書局本。
⑩ 王力《漢語詩律學》，上海：上海教育出版社，一九八二年五月，頁四二七。
⑪ 同註六，頁三八。此書蓋雪北山樵所輯「花薰閣詩述」之本，僅六則，與前引原書十卷本異。見郭紹虞重印《清詩話》前言。
⑫ 郭紹虞《滄浪詩話校釋》，北京：人民文學出版社，一九六一年五月，頁五十。
⑬ 《趙秋谷所傳聲調譜》。《清詩話》，頁二五六。
⑭ 同註六，頁三七二。
⑮ 馮浩《玉谿生詩集箋注》，上海：上海古籍出版社，一九七九年十月，頁六七九。
⑯ 李鍈《詩法易簡錄》，臺北：蘭臺書局，一九六九年十月。
⑰ 韋縠《才調集》，卷二。《唐人選唐詩》。香港：中華書局，一九五八年十二月，頁四九三。案此後七詩均見《溫飛卿詩集》卷三，卷中尚包括其他古詩、樂府、律詩各體。溫庭筠原未註明齊梁體，今據韋縠說載入。
⑱ 此下四首據《全唐詩》。北京：中華書局，一九六〇年四月，頁七〇九九、七二一四、七二三一、七一〇二。

⑲　日本遍照金剛《文鏡秘府論》，天卷「調聲」。北京：人民文學出版社，一九七五年五月，頁十一。

⑳　《草堂詩餘》卷一，頁十七。臺灣中華書局四部備要本。

（原載《古典文學》第五集，頁九一——一一二，學生書局，臺北，一九八三年十二月。）

《唐詩三百首》律絕部分校讀札記

蘅塘退士孫洙《唐詩三百首》一書，風行海內，歷久不衰；其有功初學，有目共睹。惟潤飾增刪，在所不免；陳陳相因，轉欠眞實。今以唐詩衆家各本比勘之，或以見一得焉。斯篇以清・陳婉俊補註《唐詩三百首》①爲底本，蓋取其近古也。

韋莊《臺城》誤題《金陵圖》

韋莊《臺城》詩云：

江雨霏霏江草齊。六朝如夢鳥空啼。無情最是臺城柳，依舊烟籠十里堤。

又別有《金陵圖》詩云：

誰謂傷心畫不成。畫人心逐世人情。君看六幅南朝事，老木寒雲滿故城。

二詩同見四部叢刊本《浣花集》（卷四）及《全唐詩》②（頁八〇二一，八〇二七），區別清楚，不相雜廁。韋縠《才調集》③錄《臺城》一詩，亦未誤。明・高棅《唐詩品彙》④始誤題爲《金陵圖》；趙宧光、黃習遠《萬首唐人絕句》⑤併爲《金陵圖二首》。清·沈德潛《唐詩別裁集》⑥亦誤爲《金陵圖》，蘅塘退士因之，後人習焉不察，輾轉沿誤。案二詩題旨相似，均借金陵烟雨以寄慨於六朝舊事者，或取實景，或寓畫筆。寫景固以前者差勝，略得縹緲之思；惟詩力則以後者爲重，尤以「老木寒雲」一語，以景結情，蒼涼古樸，無端家國身世之感，襲人心弦。抑退士原取後者，而誤以《臺城》當之耶？

《全唐詩》有兩首《李益夜上受降城聞笛》詩

李益《夜上受降城聞笛》七絕一首膾炙人口。詩云：

回樂峯前沙似雪，受降城外月如霜。不知何處吹蘆管，一夜征人盡望鄉。

《全唐詩》別有李益五律一首，詩云：

入夜思歸切，笛聲清更哀。愁人不願聽，自到枕前來。風起塞雲斷，夜深關月開。平明獨惆悵，落盡一庭梅。（頁三二一八）

頷聯「愁人不願聽，自到枕前來」與題旨不切。全詩筆力亦弱，少軍旅殺伐之氣。蓋文士夜深不寐，爲文造情，與前詩登城眺遠、陣陣邊聲相較，固大相逕庭矣。《全唐詩》於題下注：「一作戎昱詩」，是也。案戎昱題作《聞笛》（頁三〇〇八），詩意稍切。韋莊《又玄集》（頁四一八）、韋縠《才調集》（頁六一八）以至《唐詩品彙》（頁五八四）全同。此外《唐五十家詩集》⑦所載《李益集》亦不收此作，益可爲證。豈後人以前詩名大而附會之耶？《全唐詩》何故羼入戎昱五律一首，未詳。今人范之麟《李益詩注》及臧維熙《戎昱詩注》⑧均已辨正，是也。

唐本宋版未宜盡信

孟浩然《春曉》，古今名作，詩云：

春眠不覺曉。處處聞啼鳥。夜來風雨聲，花落知多少。

《文苑英華》卷一五七天部七改末聯爲「欲知昨夜風，花落知（一作無）多少」⑨，《全唐詩》注爲異文（頁一六六七），幾不可解。又詩題據黃丕烈士禮居藏書涂月楊氏攝影印宋版《孟浩然集》作《春晚絕句》⑩，宋蜀刻本《孟浩然詩集》⑪同（卷上頁九）。游信利《孟浩然集箋注》云：「影宋本作《春晚絕句》，案作晚非是，曉俗作暁，與晚形近致誤耳。」⑫依詩意固可解作暮春，諸宋本均如此，未必形近致譌。惟首句卻無落墨處，亦所不解。《文苑英華》及四部叢刊影元刊本《孟浩然集》均題作《春曉》（卷四），此後《唐詩品彙》（頁三九九）、《萬首唐人絕句》（頁二〇）、《唐五十家詩集》（頁一三〇〇）諸明刻均同，與詩意切合，遠勝宋本矣。

又李白《送孟浩然之廣陵》亦古今絕唱，無懈可擊。詩云：

故人西辭黃鶴樓。烟花三月下揚州。孤帆遠影碧空盡，惟見長江天際流。

此詩亦見《唐寫本唐人選唐詩》⑬，詩題作《黃鶴樓送孟浩然下惟揚》。第三句作「孤帆遠暎綠山盡」，碧、綠深淺有別，然著一「綠」字則意氣索然，音節亦失高朗，未足與荊公詩「春風又綠江南岸」之「綠」字相提並論也。

工拙異數

《全唐詩》錄賀知章《回鄉偶書》二首，詩云：

少小離家老大回。鄉音無（難）改鬢毛衰。兒童相見不相識，笑問客從何處來。

離別家鄉歲月多。近來人事半銷磨。唯有門前鏡湖水，春風不改舊時波。（頁一一四七）

前者訴諸一般觀念，情眞意切，易得共鳴。後者以故鄉名勝起興，寄懷人事，略富地方色彩，易成濫調，工拙相去頗遠。此後者之所以未足流傳久遠也。又王昌齡《芙蓉樓送辛漸》亦有兩首。

寒雨連江（天）夜入吳（湖）。平明送客楚山孤。洛陽親友如相問，一片冰心在玉壺。

丹陽城南秋海陰。丹陽城北楚雲深。高樓送客不能醉，寂寂寒江明月心。（頁一四四八）

首唱格調高朗，自足千古。次首意盡，可不必作。《唐詩三百首》於賀、王詩各取其一，是也。李鍈《詩法易簡錄》云：「此首律中帶古，音節甚別亦甚雅。世人徒誦前首，而此首竟多未知者，何耶？」⑭似欲翻案，蓋不解「寒江明月心」實與「冰心玉壺」疊意也。至於王維《雜詩》三首則不盡然，詩云：

家住孟津河，門對孟津口。常有江南船，寄書家中否。

君自故鄉來，應知故鄉事。來日綺窗前，寒梅著花未。

已見寒梅發，復聞啼鳥聲。心心視春草，畏向階前生。（頁一三〇四）

三詩骨力匹敵，未易以工拙論。其二固以訴諸普遍觀念，如說家常而入選《唐詩三百首》中。其一結構與其二相似，其問訊家書，亦得小兒女眞切情懷，豈亞於問訊寒梅著花者耶？淺近或稍不及，而古樸過之。又其三含蓄蘊藉，有歲月逼人之感，去日匆匆，心緒無限，而「畏」字鑄鍊最工。與前二首相較，稍欠親切，內蘊則極豐富飽滿，允稱佳製。第三句「心心」用語頗新，宋蜀刻本《王摩詰文集》（卷十頁十）、《唐五十家詩集》（頁一七二八）及《萬首唐人絕句》（頁二七）全同，惟《唐詩品彙》則作「愁心」（頁三九七），略以義勝。清・趙殿成《王右丞集箋注》作「愁心視春草，畏向玉階生。」⑮益見雅正，惜未說明所據耳！此三首蘅塘退士但取其二而舍一、三，奈何？雖後人亦有補足退士選本者，如杜甫《詠懷古蹟》原只錄其三武侯、其五明妃兩首，後人注釋時多全取五首，蓋諸詩連章，宜一體觀之，未易以軒輊論也；或因詩聖名大，亦未可知。否則何以厚彼薄此，而王維詩卻未見後人補錄者耶？

異題異文

王灣《次北固山下》云：

客路青山下，行舟綠水前。潮平兩岸闊，風正一帆懸。海日生殘夜，江春入舊年。鄉書何處達，歸雁洛陽邊。

殷璠《河嶽英靈集》題作《江南意》云：

南國多新意，東行伺早天。潮平兩岸失，風正一（《全唐詩》引殷書作「數」）帆懸。海日生殘夜，江春入舊年。從來觀氣象，惟向此中偏。（頁一〇八）

前者詩思凝鍊，一氣呵成。後者起聯及末聯顯屬拼湊，廢話太多。頷聯亦奄奄無生氣。潮平而不見岸，用岸闊則襟抱較大，岸失則嫌輕率，體物欠仔細。數帆太多，景物雜亂，一帆則見剪裁矣！後者題目亦空疏，或爲作者初稿，直抒所懷，未經雕飾也。

許渾《秋日赴闕題潼關驛樓》亦多異文。詩云：

紅葉晚蕭蕭。長亭酒一瓢。殘雲歸太華，踈雨過中條。樹色隨關迥，河聲入海遙。帝鄉明日到，猶自夢漁樵。

四部叢刊影宋寫本《丁卯集》同，惟注謂別本作「行次潼關逢魏扶東歸」，題目不同。倘依異文復原之，詩亦有別。

南北斷蓬飄。長亭酒一瓢。殘雲歸太華，踈雨落中條。樹色隨□（中缺一字）迥，河聲入海遙。勞歌此分首，風急馬蕭蕭。（頁四〇）

同在潼關，所見景物無異；惟前者抒懷，後者贈友。工拙相埒，各切題旨。後者頷聯「落」字草率，未若「過」字涵渾。頸聯《全唐詩》作：「樹色隨山（一作關）迥，河聲入海（一作塞）遙。」（頁六〇五三）倘純以對偶論，「山」宜與「海」對，「關」宜與「塞」對，然佈局亦未必如斯機械也。其他首、末二聯同見流暢，均無大礙。或作者先有贈友之意，其後又深愛中間二聯，遂加改訂，以成佳構。前人每如此作，不足爲異。而好詩實不易得，非千錘百鍊，又何以凌絕頂耶？

作者傳聞疑誤

作者互見之詩，《全唐詩》多已注明。《唐詩三百首》中亦不乏此例，茲就律、絕所見摘錄於次。

杜審言《和晉陵陸丞早春遊望》

徐定祥《杜審言詩注》云：「《全唐詩》在杜審言、韋應物名下都收錄本詩。宋・吳曾《能改齋漫錄》卷十一將此詩收入韋應物逸詩中，並云：『韋集逸去，余家有顧陶所編《唐詩》有之。』按今本《韋蘇州集》十卷無此詩，而宋本、明本《杜審言集》均載此詩。永昌元年（六八九）前後，杜審言曾在毘陵郡的江陰縣任縣丞、縣尉一類官職，此詩當是詩人在江陰任職時與同郡僚友晉陵陸丞某的唱和之作。」（頁十四）

王維《過香積寺》

《全唐詩》僅一見（頁一二七四），《文苑英華》以爲王昌齡作（頁一一八一），疑誤。《唐五十家詩集》所錄王昌齡詩未載此首，李雲逸《王昌齡詩注》同。黃明校編《王昌齡詩集》則列於「補遺」內⑯，亦所以存疑也。

孟浩然《過故人莊》

趙殿成《王右丞集箋注》云：「此本孟浩然八言律詩。今《萬首唐人絕句》減去後四句作此一絕，作王維，不知何據？顧元緯外編亦錄此首。」（頁二七六）案今本《萬首唐人絕句》未錄王維此首絕句，趙說未詳。

孟浩然《秦中寄遠上人》

《河嶽英靈集》誤題作崔國輔詩（頁九四）。萬競君《崔國輔詩注》未錄此首。

盧綸《送李端》

《全唐詩》兩收，分別載於盧綸（題《李端公》，頁三一七九）及嚴維詩中（頁二九一九）。案姚合《極玄集》（頁三二八）、韋莊《又玄集》（頁三六一）及《文苑英華》（頁一三七九）均題盧綸作。

杜荀鶴《春宮怨》

《全唐詩》兩收，分別載於杜荀鶴（頁七九二五）及周朴（頁七七〇〇）詩中。《又玄集》（頁四二三）及《才調集》（頁六三二）均以爲杜荀鶴詩。

岑參《和賈至舍人早朝大明宮之作》

《文苑英華》誤以爲崔顥作，注云：「一作岑參，附見杜集」。（頁九三一）《全唐詩》崔顥詩內未收此首，萬競君《崔顥詩注》亦未收此首。

皇甫冉《春思》

《全唐詩》兩收，分別載於皇甫冉（頁二八三四）及劉長卿詩中；劉詩別題《賦得》（頁一五七一），四部叢刊本《劉隨州詩集》（卷九）及《唐五十家詩集·劉隨州集》（卷九）同。至於《唐五十家詩集·皇甫冉集》則不載此詩。令狐楚《御覽詩》題皇甫冉《春思》，注云：「本集不載。」（頁二〇六）其作者實難論定。

王之渙《登鸛雀樓》

《全唐詩》兩收，分別載於王之渙（頁二八四九）及朱斌詩中，朱斌別題《登樓》（頁二一二五）。芮挺章《國秀集》題朱斌《登樓》；《文苑英華》（頁一六〇四）及《唐詩品彙》（頁四〇三）題王之渙《登鸛雀樓》。至於《萬首唐人絕句》則題朱斌《登鸛雀樓》（頁三二一），有騎牆之嫌。周本淳《王之渙·朱斌》一文云：「因爲沈括《夢溪筆談》提到鸛雀樓的名詩，說是王之渙作，所以大家相沿不提朱斌，然其中有可疑者。芮挺章《國秀集》編成于天寶三年，其時王之渙卒才兩年。《國秀集》選王之渙三首，無此詩，而選朱斌處士一首，題爲《登樓》，即此首。芮與王、朱時代相接，所選必有據。故我以爲此詩仍應存兩見，不可僅斷歸王之渙而沒有朱斌之名。」此外林貞愛《登鸛雀樓非王之渙詩》一文則肯定爲朱斌所作，並論證《文苑英華》致譌之由，蓋河中府鸛雀樓誤刻爲王文奐詩始。⑰周說頗有持平之意，然果如林說，似歸朱斌爲是。

元稹《行宮》

《全唐詩》兩收，分別編入元稹（頁四五五二）及王建詩中，王建別題《故行宮》（頁三四二三）。《文苑英華》題《古行宮》（頁一五九八），與《唐詩品彙》（頁四一五）同訂爲王建作。《萬首唐人絕句》題《行宮》，元稹作（頁九七）。今本《王建詩集》⑱及李樹政《張籍王建詩選》⑲同收此詩。又冀勤點校《元稹集》云：「宋·洪邁《萬首唐人絕句》五言卷六以此詩爲元稹作品，《容齋隨筆》卷二《古行宮詩》亦稱『微之有《行宮》一絕句』，即指此首，並評謂『語少意足，有無窮之味』。」⑳頗難論定。

李頻《渡漢江》

《全唐詩》分別編入李頻（頁六八四三）及宋之問（頁六五五）詩中。案《文苑英華》（頁七七三）、《唐詩品彙》（頁三九三）及《萬首唐人絕句》（頁一一）同以爲宋之問作，似有所據。又《文苑英華》別題《漢江》。

張祜《集靈臺》

《全唐詩》載張祜兩首，此首屬其二（頁五八四三）。又杜甫一首，題《虢國夫人》，列於「補遺」卷內（頁二五八〇），似有所疑。《萬首唐人絕句》以爲杜甫作（頁二四六），宋蜀刻本《張承吉文集》則於題下注云：「又云杜甫，非也。」（卷五）《唐詩品彙》亦以爲張祜（原作「祐」，非）作（頁四八〇）。案仇兆鰲《杜詩詳註》云：「祜乃中唐人，去天寶已久，若作追憶虢國之詞，亦當微帶亂後事，詩意全不及之，還是譏諷現在，應屬少陵作也。」㉑施鴻保《讀杜詩說》則云：「此說不但眞贋莫辨，且全不識此詩語妙矣。」又云：「惟在公時，三國寵幸方盛，即灼知其後必不終，而陳倉之禍則非所料也。若是張祜作，則詞雖說其現在，而意則寓其後來，令讀者自會於言外，且公集七絕多與此詩不

類，必草堂逸詩誤收者。」㉒

李商隱《賈生》

《全唐詩》僅一見（頁六二〇八），本無異說；惟馮浩《玉谿生集箋注》引徐曰：「《磧砂唐詩》作杜牧詩。」㉓疑誤。今本《樊川文集》㉔亦未載此首。

王維《秋夜曲》

《唐詩三百首》題下原有注曰：「他本俱作王涯，今照郭茂倩本。」蓋沿《樂府詩集．雜曲歌辭》㉕誤也。《全唐詩》（頁三八七六）、《唐詩品彙》（頁四七一）及《萬首唐人絕句》（頁五六九）俱以為王涯作。

杜秋娘《金縷衣》

《全唐詩》據《才調集》卷二訂作無名氏《雜詩》（頁八八六二）。《樂府詩集．近代曲辭》誤以為李錡作，此書誤以為杜秋娘作，蓋因杜牧《杜秋娘詩》有「秋持玉斝醉，與唱金縷衣」句，原注引錄全詩，復云：「李錡長唱此辭。」㉖後人遂附會二人為作者矣。

樂府與《全唐詩》互見例

《唐詩三百首》中別有「樂府」一體，蓋輯自郭茂倩《樂府詩集》，大多保持原貌，而散見於古、律各體之後。文字亦多異同，未宜遽定優劣。其間固多時賢佳製，惟樂師采入歌曲中，改動字句，但求協律，以就脣吻，不能以本意求也。今將樂府作品與原題不同者列下。

沈佺期《獨不見》：《古意呈補闕喬知之》。

盧綸《塞下曲》：《和張僕射塞下曲》。

王維《渭城曲》：《送元二使安西》。

此外《唐詩三百首》中亦有個別作品采入《樂府詩集·近代曲辭》中，尤以大曲曲辭爲多。

沈佺期《雜詩》：《伊州歌》第三，惟僅截取前四句。

王維《終南山》：《陸州歌》第一，惟僅截取後四句。

王昌齡《出塞》：《蓋羅縫》。

李益《夜上受降城聞笛》：《婆羅門》。

又金昌緒《春怨》一首，《全唐詩》於題下註云：「一作伊州歌。」（頁八七二四）《樂府詩集》未見，郭茂倩引《樂苑》曰：「伊州，商調曲，西京節度蓋嘉運所進也。」（頁一一一九）今檢《萬首唐人絕句》所載蓋嘉運《編入樂府詞十四首》（五言）中亦未見此詞（頁四六）。後人或誤以爲「蓋嘉運詩」[27]。

詩題簡化或改訂

蘅塘退士爲方便後學記憶，詩題多取簡化，用心雖未可非，稍欠眞確。今將顯見者列下，或爲退士手筆，或詩集異文相承如此。又下文但列原題，退士等所改動者註明於下。其本集有異題者，暫不列入。

1.唐玄宗《經鄒魯祭孔子而歎之》。刪「鄒」字，案詩中有云：「地猶鄹氏邑，宅即魯王宮。」孔子父叔梁紇嘗爲鄹邑大夫，孔子亦出生於此。又鄒、鄹均通郰字，是未宜遽刪鄒字也。

2.常建《題破山寺後禪院》。刪「題」字。

3.孟浩然《清明日宴梅道士（山）房》。刪「清明日」三字。案宋蜀刻本《孟浩然詩集》（卷下）、《文苑英華》（頁一一三四）及《全唐詩》（頁一六四三）均無「山」字。

4.孟浩然《秦中感秋寄遠上人》。刪「感秋」二字。

5.孟浩然《早寒江上有懷》。刪「江上」二字。

6.劉長卿《尋南溪常山道人隱居》。《唐詩三百首》簡作《尋南溪常道士》。

7.白居易《賦得古原草送別》。《唐詩三百首》簡作《草》。

8.崔塗《巴山道中除夜書懷》。《唐詩三百首》簡作《除夜有懷》。

9.崔曙《九日登望仙臺呈劉明府容》。刪「容」字。

10.劉長卿《自夏口至鸚鵡洲夕望岳陽寄源中丞》。《唐詩三百首》「源」作「元」，又刪「夕」字。

11.裴廸《崔九欲往南山馬上口號與別》。《唐詩三百首》作《送崔九》。

12.李白《靜夜思》。删「靜」字。
13.劉長卿《送靈澈上人》。删「上人」二字。
14.劉長卿《聽彈琴》。删「聽」字。
15.劉長卿《送方外上人》。删「方外」二字。
16.韋應物《秋夜寄丘二十二員外》。删「二十二」三字。
17.王建《新嫁娘詞》。删「詞」字。
18.李白《黃鶴樓送孟浩然之廣陵》。删「黃鶴樓」三字
19.劉方平《月夜》。《唐詩三百首》改題「夜月」。
20.劉禹錫《和樂天春詞》。删「和樂天」三字。
21.白居易《後宮詞》。删「後」字。
22.朱慶餘《近試上張籍水部》。删「籍」字。
23.杜牧《將赴吳興登樂遊原一絕》。删「一絕」二字。

此外亦有改訂詩題者，孰是孰非，尚俟深考。

24.劉長卿《送李中丞之襄州》。《全唐詩》注云：「一作送李中丞歸漢陽。李一作季，一無之襄州三字。」（頁一四九二）《唐詩三百首》作《送李中丞歸漢陽別業》。
25.韋應物《賦得暮雨送李冑》。《全唐詩》注云：「一作渭。」（頁一九三二）今《唐詩三百首》

作「曹」。

26.韓翃《酬程延秋夜即事見贈》。《唐詩三百首》「延」作「近」，或字形譌誤。

27.盧綸《李端公》，或指李益。《唐詩三百首》作《送李端》，對象不同，由來已久。

28.李白《早發白帝城》。瞿蛻園、朱金城《李白集校注》云：「兩宋本、繆本、蕭本題下俱注云：『一作白帝下江陵。』」㉘《唐詩三百首》逕省作《下江陵》。

29.張祜《宮詞》。《唐詩三百詩》題《何滿子》，或取詩句爲題。

改字之例

唐集源遠流長，改字易句，動輒可見。瞿、朱二氏《李白集校注》論之詳矣。李白《靜夜思》云：

牀前看月光。疑是地上霜。舉頭望山月，低頭思故鄉。

瞿、朱二氏校云：「各本李集均作『看月光』，唐人萬首亦作『看月光』。王士禛《唐人萬首絕句選》及《唐詩別裁》均作『明月光』，疑爲士禛所臆改。」又云：「蕭注引古詩『明月何皎皎』，再引魏文帝詩『仰看明月光』，似蕭氏以『山月』爲『明月』。但刊本仍作『山月』，《唐宋詩諄》作『明月』。」（頁四四三）

又《早發白帝城》「兩岸猿聲啼不盡」句校云：「按：『盡』，各本俱同。《絕句》、《全唐詩》亦俱作『盡』。王士禛《唐人萬首絕句選》、《唐宋詩醇》、《唐詩別裁》俱作『住』，當爲後人所臆

擇耶？

改。」（頁一二八〇）

今人朗讀上口，固以後人所改易者爲佳。惟徵諸李白詩集早期刻本，卻不盡然。則讀者將作何選

又《唐詩三百首》有王之渙《出塞》一詩：

黃河遠上白雲間。一片孤城萬仞山。羌笛何須怨楊柳，春風不度玉門關。

此詩問題極多，後人爭論字句之間，幾成水火。例如劉逸生《唐詩小札》云：「『黃河遠上白雲間』七個字，莽莽蒼蒼，浩浩瀚瀚，給人的是『黃河之水天上來』的壯美的感覺，把人的思想感情引到遼遠高闊的境界。……決不是『黃沙直上白雲間』的景象所能比擬的。」㉙此一說也。富壽蓀《唐人絕句評注》則云：「黃沙直上：《全唐詩》一作『黃河遠上』，而《文苑英華》、《樂府詩集》、《唐詩紀事》均作『黃沙直上』。案：岑參《玉門關蓋將軍歌》：『玉門關城迥且孤，黃沙萬里白草枯。』與此詩首二句寫玉門關荒涼景象正相合，當作黃沙直上。」又引葉景葵《卷盦書跋》云：「向誦此詩，即疑黃河兩字與下三句皆不貫串，此詩之佳處不知何在！若作黃沙，則第二句萬仞山便有意義，而第二聯亦字字皆有著落，第一聯寫出涼州荒寒蕭索之象，實爲第三句怨字埋根，於是此詩全體靈活矣。」㉚此又一說也，兩相牴牾。姚奠中《關於王之渙的涼州詞》一文分析前說傳譌之由，得結論三點：

一、詩題應標作《出塞》。因爲《樂府詩集》既是收集歷代樂府樂曲，歌詞最爲豐富完備的一部書，所收必當有據，決不會把屬於《涼州》的歌詞，改收在《出塞》曲下。……所以《國秀集》所標

之《涼州詞》，或因傳唱既廣，有人配「涼州」曲調唱過吧，不足爲準。

二詩的首句「黃沙直上白雲間」，是正確的，作「黃河遠上」的只有出於《集異記》的一個系統，而《集異記》屬於小說，出自傳聞。因爲故事很吸引人，詩隨事傳，成了謬種流傳的根本原因。

三第四句「春風」二字，除《集異記》一系統外，各本全作「春光」，當以「春光」爲正；「不度」二字，除《唐詩紀事》一本作「不過」外，各本都作「不度」，當以「不度」爲正。㉛

姚說或可作定論。此外史鐵良《也談王之渙的涼州詞》一文以爲「黃沙直上」是一種旋風現象，並以一九七四年七月八日一則日記爲證。㉜茲以《全唐詩》爲主，將《唐詩三百首》中所及見之重要異文摘錄於後。其本集原有異文者，不在討論之列。

1.南冠客思「深」→「侵」。（駱賓王《在獄詠蟬》）

2.「曲徑」通幽處→「竹逕」。（常建《破山寺後禪院》）

3.「寂寂」竟何待→「寂寞」。（孟浩然《留別王維》）

4.野寺「來人」少，雲峯「隔水」深→「人來」、「水隔」。（劉長卿《秋日登吳公臺上寺遠眺》）

5.水月通禪「寂」→「觀」。（錢起《送僧歸日本》）

6.露草「泣寒蟲」→「覆寒蛩」。（戴叔倫《江鄉故人偶集客舍》）

7.掩「泣」空相向，風雲何「所」期→「淚」、「處」。（盧綸《送李端》）

8.「深」竹暗浮烟→「濕」。（司空曙《雲陽館與韓紳宿別》）

9. 況是「霍」家親──→「蔡」。（《喜外弟盧綸見宿》）

10. 「滄」江好烟月──→「湘」。（杜牧《旅宿》）

11. 何「年」致此身──→「門」。（馬戴《霸上秋舍》）

12. 消愁「又」幾千──→「斗」。（李商隱《風雨》）

13. 孤獨異鄉「人」──→「春」。（崔塗《除夜有懷》）

14. 寒塘「欲」下遲──→「獨」。（《孤雁》）

15. 驛「路」西連漢畤平──→「樹」。（崔顥《行經華陰》）

16. 「笳」鼓喧喧漢將營──→「蕭」。（祖詠《望薊門》）

17. 沙場烽火「侵」胡月──→「連」。

18. 青楓江上秋「帆」遠──→「天」。（高適《送李少府貶峽中王少府貶長沙》）

19. 中「庭」月色好誰看──→「天」。（杜甫《宿府》）

20. 風塵荏苒音書「斷」──→「絕」。

21. 環珮空歸「月夜」魂──→「夜月」。（杜甫《詠懷古蹟》其三）

22. 今日龍鍾人共「老」──→「棄」。（劉長卿《江州重別薛六柳八二員外》）

23. 獨「樹」臨江夜泊船──→「戍」。（《自夏口至鸚鵡洲望岳陽寄元中丞》）

24. 今日花開「又」一年──→「已」。（韋應物《寄李儋元錫》）

25.仙臺「初」見五城樓——→「下」。（韓翃《同題仙遊觀》）

26.家住「層」城鄰漢苑——→「秦」。（皇甫冉《春思》）

27.共來百「粵」文身地——→「越」。（柳宗元《登柳州城樓寄漳汀封連四州刺史》）

28.百年「多」是幾多時——→「都」。（元稹《遣悲懷》其三）

29.時難年「荒」世業空——→「饑」。（白居易《自河南經亂……》）

30.擬「托」良媒「亦」自傷——→「託」、「益」。（秦韜玉《貧女》）

31.敢將十指誇「誠」巧——→「偏」。（《全唐詩》注：「一作纖」，頁七六五七）

32.「春」來發幾枝——→「秋」。（王維《相思》）

33.「願」君多采擷——→「勸」。

34.「空山」松子落——→「山空」。（韋應物《秋夜寄丘員外》）

35.經冬復「立」春——→「歷」。（李頻《渡漢江》）

36.少小離「家」老大回——→「鄉」。（賀知章《回鄉偶書》）

37.鄉音「無」改鬢毛衰——→「難」。

38.寒雨連「江」夜入「吳」——→「天」、「湖」。（王昌齡《芙蓉樓送辛漸》）

39.平明騎馬入「宮」門——→「金」。（張祜《集靈臺》其二）

就詩論詩，以上諸例改動未妥，宜恢復原貌，即用——→號下之字。其間或亦有唐宋人所改動者，未閒細擇。以下再舉數例，改動者或較佳。

40. 客路青山「下」——→「外」。（王灣《次北固山下》）

41. 「惟聞」鐘磬音——→「但餘」。（常建《破山寺後禪院》）

42. 青「雲」羨鳥飛——→「春」。（岑參《寄左省杜拾遺》）

43. 茫茫「江漢」上——→「漢江」。（劉長卿《送李中丞歸漢陽別業》）

44. 自覺「洞庭」波——→「老烟」。（許渾《早秋》）

45. 「何如此地」學長生——→「無如此處」。（崔顥《行經華陰》）

46. 莫「是」長安行樂處——→「見」。（李頎《送魏萬之京》）

47. 出師未「捷」身先死——→「用」。（杜甫《蜀相》）

48. 「從今」四海爲家日——→「今逢」。（劉禹錫《西塞山懷古》）

49. 「自嫁」黔婁百事乖——→「嫁與」。（元稹《遣悲懷》其一）

50. 荷笠帶「斜」陽——→「夕」。（劉長卿《送靈澈》）

51. 閨中少婦不「知」愁——→「曾」。（王昌齡《閨怨》）

52. 青山隱隱水「迢迢」——→「遙遙」。（杜牧《寄揚州韓綽判官》）

53. 楚腰「纖細」掌中輕——→「腸斷」。（《遣懷》）

54. 「贏」得青樓薄倖名——→「占」。

55.「銀」燭秋光冷畫屏──→「紅」。（《秋夕》）

56.「天街」夜色涼如水──→「瑤階」。

57.「臥」看牽牛織女星──→「坐」。

58.「玄」宗回馬楊妃死──→「肅」。（鄭畋《馬嵬坡》）

59.雲雨「難」忘日月新──→「雖」。

60.「等」是有家歸未得──→「早」。（無名氏《雜詩》）

【註　釋】

① 清陳婉俊補注《唐詩三百首》，香港：商務印書館，一九八〇年重印本。

② 《全唐詩》，北京：中華書局，一九七九年。《唐詩三百首》與《全唐詩》同引一詩而有異文時，則後者酌加（　）號以別之。

③ 《唐人選唐詩》（十種），香港：中華書局，一九五八年，頁五〇六。本文引錄韋縠《才調集》、韋莊《又玄集》、殷璠《河嶽英靈集》、姚合《極玄集》、令狐楚《御覽詩》、芮挺章《國秀集》諸書全據此本。

④ 明高棅《唐詩品彙》，上海：上海古籍出版社影明汪宗尼校訂本，一九八二年，頁四九五。

⑤ 趙宧光、黃習遠《萬首唐人絕句》，宋洪邁原編。今據書目文獻出版社排印本，一九八三年，頁七〇五。

⑥ 清沈德潛《唐詩別裁集》，臺北：廣文書局影本，一九七〇年，頁五五二。惟上海古籍出版社一九七九年排

印本富壽蓀已改正爲《臺城》不誤，頁六九〇。

⑦《唐五十家詩集》，上海：上海古籍出版社影明銅活字印本，一九八一年。

⑧上海古籍出版社《唐詩小集》。本文引錄范之麟《李益詩注》（一九八四）、臧維熙《戎昱詩注》（一九八二）、徐定祥《杜審言詩注》（一九八二）、李雲逸《王昌齡詩注》（一九八四）、萬競君《崔顥詩注、崔國輔詩注》（一九八二）諸書全據此集。

⑨《文苑英華》，北京：中華書局，一九六六年，頁七四〇。

⑩《孟浩然集》，今藏臺北市中央研究院傅斯年圖書館。

⑪上海古籍出版社《宋蜀刻本唐人集叢刊》。本文引錄《孟浩然詩集》（一九八二）、《王摩詰文集》（一九八二）、《張承吉文集》（一九七九）諸書全據此集。

⑫游信利《孟浩然集箋注》，臺北：臺灣學生書局，一九七九年。

⑬敦煌卷子伯二五六七，鳴沙石室佚書影印本（第四冊）。今據《唐人選唐詩》（十種）本，同③。

⑭清李鍈《詩法易簡錄》，臺北：蘭臺書局，一九六九年。

⑮清趙殿成《王右丞集箋注》，香港：中華書局，一九七二年，頁二五五。

⑯黃明校編《王昌齡詩集》，《百花洲文庫》第一輯，南昌：江西人民出版社，一九八一年，頁九八。

⑰周本淳《王之渙、朱斌》，載《江海學刊》一九八五年第一期，頁四七。林貞愛《登鸛雀樓非王之渙詩》，載《社會科學戰線》一九八二年第四期，頁二八四，所謂《司馬溫公詩話》甚至更訛作「王文美」者，益誤。

⑱《王建詩集》，北京：中華書局，一九五九年，頁三八。

⑲李樹政《張籍王建詩選》，香港：三聯書店，一九八二年，頁一八九。

⑳冀勤點校《元稹集》，北京：中華書局，一九八二年，頁一六九。

㉑清仇兆鰲《杜詩詳註》，北京：中華書局，一九七九年，頁一六二。

㉒清施鴻保《讀杜詩說》，上海：上海古籍出版社，一九八三年，頁一七。

㉓清馮浩《玉谿生集箋注》，上海：上海古籍出版社，一九七九年，頁三一四。

㉔《樊川文集》，上海：上海古籍出版社，一九七八年。

㉕宋郭茂倩《樂府詩集》，北京：中華書局，一九七九年。案此本已據《全唐詩》訂正爲王涯作，頁一〇七二。

㉖見《樊川文集》卷一，上海：上海古籍出版社，一九七八年，頁五。

㉗陶今雁《唐詩三百首詳注》云：「本詩一作蓋嘉運詩，題作《伊州歌》」，南昌：江西人民出版社，一九八二年，頁三四一。

㉘瞿蛻園、朱金城《李白集校注》，上海：上海古籍出版社，一九八〇年，頁一二八〇。

㉙劉逸生《唐詩小札》，香港：中華書局，一九七九年，頁三三。

㉚葉景葵《卷盦書跋》，香港：中華書局，一九八〇年，頁一九。

㉛霍松林、林從龍選編《唐詩探勝》，鄭州：中州古籍出版社，一九八四年，頁四二。

㉜《文學評論》一九八〇年第六期。原文云：「只見遠處一根黃色天柱，直通藍天，近一些之後，才知道是一

股旋風把黃沙直往天上捲，形成一根天柱，四周卻塵土不揚。那黃色天柱不斷移動，我們的車只好停下來給它讓道，只見它橫過公路，向遠方捲去。」

（原載《書目季刊》第二〇卷第三期，頁一九九—二一二，臺北，一九八六年十二月。）

唐詞長調考

正名

唐宋之間，有一個五代十國的歷史階段，習慣上稱作五代。其間篡奪相繼，政權短促，前後五十四年，一切政制均未上軌道，原則上可納入唐文化的系統中去。所以這裏所謂唐詞，實已包含了五代十國的作品在內，以後為了行文方便，不再一一注明。

詞的意義，唐宋略有不同。唐五代詞泛指一切配合歌唱、舞蹈的曲詞而言；樂曲上包括了朝廷的燕饗雅樂、傳統清樂、胡樂及地方的民歌小調四種，彼此融合演進，各具特色，尤以清樂和胡樂揉合的法曲，音調流美，更是中國古代音樂發展的高峰。至於曲詞體裁則分為聲詩及長短句兩體，雖多受五、六、七言的詩律句法支配，畢竟仍以配樂為主。作者普及於各階層中，音樂的意味較重。兩宋詞則大多指流行於文士階層中一種新興的長短句詩體，其樂曲是從唐樂基礎上發展而成的新俗樂，當時仍稱為燕樂。首先製曲，繼按律填詞，主要分為小令及慢詞兩體。惟其中有部分作品未必能入樂歌唱，僅供吟誦欣賞，文學的意味較重。故唐宋詞性質不同，定義略異，不可不辨。

唐五代詞齊言與雜言兼具。其中小部分作品的字數較多，除較長篇的聲詩外，基本上已改變了五、六、七言詩律的音韻句拍，有些作品還伸入慢曲的領域，與當時所流行的小曲歌詞不類，然而聲情格律方面又不全同於宋代的慢詞，無以名之，暫時只好稱作「長調」。

在明、清人的觀念中，由於慢詞的字數較多，很多時都逕稱作「長調」。自《草堂詩餘》有小令、中調、長調之目，後人因之，漸成定論，其實也只是爲了講論上的方便。到了毛先舒規定五十八字以下爲小令，五十九字至九十字爲中調，九十一字以上爲長調，分類過於呆板，引起後人普遍的不滿；萬樹《詞律・發凡》中評析已詳。現在這裏又借長調來稱呼唐代的長篇曲調體裁，並非故意重蹈毛氏覆轍，不過爲了方便立說，且不欲混同於慢詞一名，其間固有不得已的苦衷。明俞彥《爰園詞話》嘗稱唐莊宗《歌頭》一闋爲《長調之祖》，或可作題目注腳，也許亦不全是我個人的杜撰吧。今申明本文所謂「唐詞長調」的義界如下：大概聲詩方面約相當於一首排律的字數，演唱時間一般會較絕律聲詩爲長。長短句方面則約達七十字以上，即爲長調。

當然，這只是一個概括性的分類方法，目的是借舊名以闡新義，假使新義成立，則不妨另予命名。

長調體製

現存唐五代長調共計二十三調三十二闋。數量雖不算多，但格律的歧異頗大。今擬按其性質分爲五體。

一、聲詩體：指六、七言排律而言，其中《拜新月》五、七言相間。撇開曲調不談，本身就是一首詩。

二、律體：指詞律方面雖因配合樂曲節拍而出現長短句，但因保留了較多的五、七言詩律句法，所以名之曰律體。這一類作品，已屬正式詞體，然而尚未完全擺脫詩律的支配，或足以說明詞律演進的消息，故特列一體。

三、律慢過渡體：指詞體完全擺脫了詩律的支配，偶字句增多，節奏較緩，但因罕用領字，押韻亦密，與慢體自亦有別。

四、唐慢體：全數存於敦煌曲子詞中，無論句型、句式，領字等形貌，均已奠定了慢詞的聲律基礎。惟用韻方面變化頗大，且有平仄通叶的現象，與宋人的作品風貌不同，故著一「唐」字，以示區別。

五、宋慢體：指李白《連理枝》及杜牧《八六子》等作品，格律上已見定型、成熟。按慢詞主要由柳永結合宮廷大樂及民間新聲而成，其前雖也有些零星作品，畢竟體貌不同。今李白、杜牧諸詞見於唐五代作品中，倘就格律方面立論，未免早熟。

(一)聲詩體

張炎《詞源》說：「粤自隋唐以來，聲詩間為長短句。」（卷下）很可以說明在新興樂曲的發展過程中，歌詞格律所遭遇到的轉變。聲詩本來就是唐人所盛行的五、七言絕律，由於被樂工伶人譜入曲子中，再雜以所謂泛聲、和聲、散聲或襯字、襯句等，抑揚頓挫，往往成為一代名曲。如王灼《碧雞漫志》所論：「唐時古意亦未全喪。《竹枝》、《浪淘沙》、《拋球樂》、《楊柳枝》，乃詩中絕句，而定爲歌曲。故李太白《清平調》詞三章，皆絕句。元白諸詩，亦爲知音協律作歌。……又舊說開元中，詩人王昌齡、高適、王之渙詣旗亭飲，梨園伶官亦招妓聚宴，三人私約曰：『我輩擅詩名，未定甲乙，試觀諸伶謳詩分優劣。』以此知李唐伶工，取當時名士詩句入歌曲，蓋常俗也。」苟非作者蓄意爲之，當然不便算入詞的範圍。但遇到當筵命歌，要爲樂曲譜寫新詞娛賓遣興的時候，唐人便很自然的會以當時所熟習的五、七言絕律爲之，這是詞的發源途徑之一，當然也就屬於宋人所謂小令的範圍了。今存唐五代齊言聲詩甚多，基本上還是保存了近體絕律的形式。至於長調則存四闋：

1.張說：《樂世詞》。七言十句排律，六平韻。

2.溫庭筠：《達摩支》。七言十二句古詩，分別用入、平、上三段換韻。

3.馮延巳：《壽山曲》。六言十句排律，五平韻。

4.吉中孚妻張氏：《拜新月》。詞云：

拜新月，拜月出堂前。暗魄深籠桂，虛弓未引弦。拜新月，拜月妝樓上。鸞鏡未安臺，蛾眉已相向。拜新月，拜月不勝情。庭前風露清。月臨人自老，望月更長生。東家阿母亦拜月，一拜一悲聲斷絕。昔年拜月逞容儀，如今拜月雙淚垂。回看眾女拜新月，卻憶紅閨年少時。

詞爲單調，一〇一字。平、去、平、入、平五段換韻。或可視作五遍。雖非齊言，但不脫五、七言詩律句法，故可歸入聲詩體。《雲謠集雜曲子》中尚存《拜新月》長調兩闋，則屬律體。

㈡律體

這些詞字句較多，如《離別難》乃《花間集》中最長的一闋，而《歌頭》之長，在唐五代詞中則屬空前。但它們的句拍組織大部分仍不脫五、七言詩律句法的支配，甚而更喜用三言句。用韻頗密，略以平聲為多，且見錯綜變化的現象。韻拍短促，節奏較快，與慢詞體貌不類，故特列作律體。今存八闋。

5.薛昭蘊：《離別難》。詞云：

寶馬曉鞴雕鞍。羅幃乍別情難。那堪春景媚。送君千萬里。半妝珠翠落，露華寒。紅蠟燭。青絲曲。偏能鈎引淚闌干。　良夜促。香塵綠。魂欲迷。檀眉半斂愁低。未別心先咽。欲語情難說。出芳草。路東西。搖袖立。春風急。櫻花楊柳雨淒淒。

詞為雙調，八十七字。除換頭處將起拍六字攤破作三言三句外，上下闋大致全同。其中「出芳草，路東西」二句，疑有譌脫。蕭繼宗《評點校注花間集》擬改為「出門芳草路，各東西」。就詞律而論，亦是合理。句式方面以三言、五言為多，而用韻則極錯綜複雜。上片以平韻「鞍」「難」「寒」「干」為主，插入「媚」「里」及「燭」、「曲」兩部仄韻；下片則以「迷」「低」「西」「淒」為主，插入「促」「綠」、「咽」「說」及「立」「急」三部入韻，變化中自具條理，然韻拍短促，不類慢詞結構。

6.後唐莊宗：《歌頭》。雙調，一百三十六字，十三入韻，其中以三言句為多，大部分均屬詩律句法，不能視作慢體。又詞意分詠四時景物，王易《詞曲史》認爲應分作四段，或唐代大曲中之歌遍，具有四遍曲辭者也。

7.尹鶚、毛熙震：《河滿子》，共三闋。雙調，七十四字，六平韻，乃從單調長短句體加疊而成，上下片全同，以六言爲主，律體。其中上片第三句，尹詞減作六字，乃音律最寬緩的地方，故變化較大。

8.《拜新月》兩闋。其一寫閨怨，雙調，八十四字，八平韻。其二祝國運，雙調，八十字，八仄韻。除襯字外，兩詞上片句拍多同，下片則歧異略大，且韻叶不同，聲情亦異。今列作律體。

9.《⿱共木（恭）怨春》。詞云：

柳條垂處也，喜鵲語零零。焚香⿱⿰禾丸首（稽首的合體字）告素君情。慕德蕭郎好武，累歲長征。向沙場裏，輸寶劍，定攙槍。　去時花欲謝，幾度葉還青。遙相思夜夜到邊庭。願天下銷戈鑄戟，舜日清平。待成功日，麟閣上，畫圖形。（斯二六〇七）

詞爲雙調，七十六字，八平韻。除下片多「遙」、「願」二襯字外，上下片全同。兩片互校，僅「恭」、「天」二字仄平不同；可知此調已經定型。任二北謂即《獻忠心》，與歐陽炯存辭句拍相近。其實兩調平仄句法出入很大，且《獻忠心》本身的調式亦未易論定，似不必妄爲比附。此詞「慕德」、「天下」句等是偶字句，「向沙場裏」、「待成功日」等已出現「領字」，有慢體的傾向，惟其中律句仍多，大概亦可算作律體。

㈢律慢過渡體

這些詞基本上已擺脫了律體句度的束縛，無論下字用韻，都能因應樂曲的實際需要，尤以偶字句的普遍應用，使節奏減緩，這是由輕巧轉向典重的必經階段。惟用韻較密，句拍也未能完全符合慢體的標準，所以只能勉強地稱作律慢過渡體。今存九闋。

10.尹鶚：《秋夜月》。詞云：

三秋佳節。罩晴空，凝碎露，茱萸千結。菊藥和烟輕撚。酒浮金屑。徵雲雨，調絲竹，此時難輟。歡極。一片艷歌聲揭。　黄昏慵別。炷沈烟，熏繡被，翠帷同歇。醉並鴛鴦雙枕，暖偎春雪。語丁寧，情委曲，論心正切。深夜。窗透數條斜月。

詞爲雙調，八十四字，十八韻。其中「極」、「夜」二字可能亦屬韻叶，後者還是去、入通叶的現象。詞內皆二言、三言、四言及六言句，而無五言、七言句，上下片全同，已脫律體句度，但又與慢體句式不同，充分表現出唐調的特徵。

11.尹鶚：《金浮圖》。雙調，九十四字，十四仄韻。多四言句，用韻頗密。上下片大致相同。

12.李珣：《中興樂》。雙調，八十四字，十二平韻。蓋從牛希濟雙調曲子加疊而成，上下片全同。全詞以四言及六言偶字句爲主，七言僅兩句，亦只施於上下片起拍處，也是標準的律慢過渡體。

13.歐陽炯：《鳳樓春》。雙調，七十七字，十一平韻。用韻較密，句拍短促。上片近律體，下片因四言句較多，則又近於慢體了，頗難歸類。

14.《鳳歸雲》四闋。其一云：

征夫數載，萍寄他邦。去便無消息，累換星霜。月下愁聽砧杵，擬塞雁行。孤眠鸞帳裏，枉勞魂夢，夜夜飛颺。　想君薄行，更不思量。誰爲傳書與，表妾衷腸。倚牖無言垂血淚，闇祝三光。萬般無奈處，一爐香盡，又更添香。

四詞分別作雙調八十一、八十三、七十三、七十八字，各八平韻。上下片相同，僅其中第五句上片間作六言或七言，下片必作七言。各詞以四言句爲多，已脫律體句度，然而又未能算作標準慢體。又四詞大同之中略存小異。第一、二闋可作一類，僅第二闋上片第五句作七言，下片第七句多一襯字「待」。第三、四闋又可作一類，惟第四闋上片第七句作「訓習禮儀足」，而第三闋則缺，今再以上下片互校，知此處漏抄五字。兩類相校，上下片第三句分別爲五言、四言不同，又第六句分別爲四言、三言不同，另下片第二句分別作四言、五言不同，餘僅平仄小異。基本句式相同，實可視作一體。

6.《怨春閨》（伯二七四八）雙調，七十五字，八仄韻。以四言、五言及六言句爲多。其中疊字技巧甚工。

(四)唐慢體

《宋史・樂志》說：「民間作新聲者甚衆，而教坊不用也。太宗所製曲，乾興以來通用之，凡新奏十七調，總四十八曲。……其急慢諸曲幾千遍。」可知慢曲一名，與急曲對立，大致宋初已經確定了。又王灼《碧雞漫志》說：「唐中葉漸有今體慢曲子。」又說：「凡大曲就本宮調製引、序、慢、近、令，蓋度曲者常態。」可知慢曲源於大曲，經過摘遍單行後再獨立發展起來的。而慢詞則淵源於慢曲子，在宮廷大樂的基礎上，再結合民間新聲而成。開筵嘌唱，曼聲長吟，必要有一個繁榮安定的社會環境，始能蓬勃發展，或許這就是慢詞到了北宋中葉始見盛行的緣故。關於宋慢詞的起源，葉詠琍《慢詞考略》曾歸納爲三途：「其一，緣大樂之慢詞，犯其宮調，略改新聲，例如《聲聲慢》。其二，就原調增衍其拍均，而爲曼聲長吟，如《國香慢》、《浪淘沙》。其三，則係詞家深曉音律，可自製譜腔，造爲新聲，是爲自度曲，然多不加慢字，如《疏影》、《暗香》。」至於慢詞的韻律特色，則可歸納爲句型、句式、領字、入聲韻四者。

甲、詞中句型有「奇字句」及「偶字句」之別，雖同具長短變化，惟多三、五、七、九言等奇字句則節奏較快，多二、四、六、八言等偶字句則較緩。慢詞自以偶字句爲主，即遇有奇字句，亦多以雙句唱出，無形中便拖慢了詞的節拍。

乙、絕律的五、七言句式都已固定，但慢詞句式受音樂支配，變化甚大。如《傾杯樂》的「對妝臺重整嬌姿面」及「被父母將兒匹配」等分別作三五及三四句法。

丙、張炎《詞源》謂詞「合用虛字呼喚，單字如正、但、任、甚之類，兩字如莫是，還又、那堪之類，三字如更能消、最無端、又卻是之類」。今人習慣稱作「領字」，如前引《傾杯樂》的「對」、「被」等字是。又領字多用去聲，大抵唱詞無輕聲字，凡遇音律上添襯或腔調轉折之處，便用這些去聲虛字輕輕帶過，使音色搖曳流美，此與曲中襯字原理相通。

丁、慢詞一韻到底，不會換韻，其中平、入分部甚嚴，上、去可以通叶。不過在所有詞調中，入聲竟占大多數，這是一個很耐人尋味的問題。清毛先舒《南曲入聲客問》說：「夫入之爲聲，詘然以止，一出口後，無復餘音。而歌必窈裊而作長聲，勢必流入於三聲而後始成腔，是故自然而然，不可遏也。今試口中念一入字，而稍遲其聲，則已非復入音矣，況歌者必爲曼聲也哉？」雖爲南曲解說，亦當通於詞理。因慢詞無平仄換韻的現象，限用平上去的話，易流於板滯，而入聲長吟之後，必然隨著樂音的高低變化而轉入三聲中去，使音色顯得多姿多采了。

現存唐詞慢體不多，均見於敦煌曲子詞中，其面貌與宋慢詞不類。今存七闋。

16.《洞仙歌》兩闋。其一云：

華燭光輝。深下屏幃。恨征人久鎭邊夷。酒醒後多風醋。少年夫壻。向綠窗下，左偎右倚。擬鋪鴛被。把人尤泥。　須索琵琶重理。曲中彈到，想夫憐處，轉相愛，幾多恩義。卻再敘衷曲鴛衾枕，願長與今宵相似。

二詞分別爲七十七字及七十四字，上片句拍歧異較大，下片略同。又二詞分別用十一及十韻，尤以上片較密，且三聲同部通叶。如第一首的韻字爲：輝、幃、夷、醋、壻、倚、被、泥（上片）及理、意、似（下片）；第二首爲：陽、光、傷、上、蕩、亮（上片）及往、香、訪、浪（下片）。宋詞絕無此等現象，惟其中句型、句式及領字等均符合慢體標準，當可視作唐慢體。

17.《傾杯樂》二闋。雙調，一一〇字及一〇九字。上片句拍歧異較大，下片略同，各有襯字，不妨視作兩體。又兩詞用韻，基本上八仄一平，惟部分句末並參用同部韻字，韻與非韻之間，頗難釐定。

18.《內家嬌》二闋。雙調，其一爲一〇六字，九平韻。其二爲九十六字，八平韻。後者下片字句疑有脫誤，亦少一韻。雖句度同異參半，惟曲拍大致相同，或即一體。

19.《別仙子》。詞云：

此時模樣，算來是，秋天月。無一事，堪惆悵，須圓缺。穿窗牖，人寂靜，滿面蟾光如雪。照淚痕何似，兩眉雙結。　曉樓鐘動，執纖手，看看別。移銀燭，偎身泣，聲哽噎。家私事，頻付囑，上馬臨行說。長思憶，莫負少年時節。

雙調，七十九字，八入聲韻。上下片全同，其中上片「如」字乃襯字，平仄謹嚴，每句末不叶韻處皆用仄聲字，不著任何平聲，頗見特別，豈初期慢詞體製耶？

㈤宋慢體

以上所舉諸調，各具面目，宋以後或未見，或不類，這是唐詞慢體的本色所在。此外，唐五代詞尚有李白的《連理枝》等四詞，均屬標準慢體，惟創作年代頗難論定。今細考其格律，實與宋慢詞的句律一致。宋慢詞是由宮廷大樂舊曲與民間新聲配合後所發展起來的一種流行歌曲，自與唐音殊異。今另列爲一體，且著一「宋」字以示區別，或與僞詞無異。凡四闋。

20.李白：《連理枝》。雙調，七十字，八仄韻。上下片全同。《全唐詩》分作兩闋，誤。宋晏殊、賀鑄等詞句律全同，邵叔齊詞雖多二字，實即一體，可不另列。

21.杜牧：《八六子》。詞云：

洞房深。畫屏燈照，山色凝翠沈沈。聽夜雨，冷滴芭蕉，驚斷紅窗好夢，龍烟細飄繡衾。辭恩久歸長信，鳳帳蕭疏椒殿，閑扃輦路苔侵。繡簾垂，遲遲漏傳丹禁。蕣華偷悴，翠鬟羞整，愁坐，望處金輿漸遠，何時綵仗重臨。正消魂、梧桐又移翠陰。

雙調，九十字，六平韻。上片字句較少，下片韻疏，不相對稱。又《詞譜》沿襲前人錯誤，標點分段多誤，並謂「不便據宋詞以分唐詞」（卷二十二）。其實《詞譜》雖共列六體，實與杜詞無大差異，皆一體也，倘就氣韻格律玩味之，則絕難相信這就是唐詞了。又柳永尚有雙調九十一字八仄韻一體，句律參差，而《詞譜》漏列，當補。

22.鍾輻：《卜算子慢》。雙調，八十九字，九仄韻。宋以後詞均同此體。又唐詞無名「慢」者，此詞爲僅見。柳永《卜算子》亦不稱慢，《樂章集》固多慢曲，稱慢者僅《木蘭花慢》一闋。如果唐五代已見慢名，不是早了一些嗎？

23.《魚游春水》。雙調，八十九字，十仄韻。宋以後韻律相同。且此詞出徽宗朝，年代已遠，未必可確指爲唐調。

小結

一、上文凡論二十三調，其中《連理枝》、《八六字》、《卜算子慢》、《魚游春水》四調因字句、韻律、氣格、聲情等均不類唐調，反而與宋詞慢體相同，不妨視作僞詞。其實前人對此四調早表懷疑，可惜缺乏具體的證據，現在我們將所有長調放在一起研究，則問題或可迎刃而解了。所以暫時總結唐詞長調存調十九，詞二十八。此外《全唐詩》尚輯有呂巖的《促拍滿路花》、《雨中花》、《滿庭芳》、《漢宮春》、《酹江月》、《水龍吟》、《沁園春》等七調十闋，均屬標準慢體，乃宋代道家所製。又藍采和的《踏歌》出處不明，亦當爲宋人僞托，而《全唐詩》妄收之。

二唐詞十九長調中，純聲詩體三，即《樂世》、《達摩支》、《壽山曲》，字數雖較少，惟歌時必待樂工節制其間，始合脣吻，或加襯字，或雜虛聲，則時間亦相對延長了。又吉中孚妻張氏的《拜新月》，雖長短句法，實與聲詩無異，或屬當時民間流行的俗曲體裁，故意變化爲齊言。四詞全屬單調，自成一類。

三唐詞十九長調中，《樂世》、《達摩支》、《歌頭》、《河滿子》、《傾杯樂》五曲，均直接源出大（舞）曲或法曲，存辭或爲大曲中的摘遍，與音樂的關係十分密切。又現存長調詠本意者九，或文士與樂工所創新聲，可以認作該調的本辭。至於餘下的十調，則爲文士所製新詞，僅依曲拍，而詞意與調名無涉。

四除上述聲詩四調外，餘下的十五調二十四詞均屬長短句體式。其中平韻六調，從六韻到十二韻；仄韻五調，從八韻到十四韻，較密。此外《洞仙歌》平仄同部通叶，《傾杯樂》八仄一平通叶，《秋夜月》可能屬去、入通叶，《拜新月》平仄韻各一闋，《離別難》錯綜複雜，共用七部韻，極變化之妙，均是唐詞韻叶中較特殊的現象。總而言之，唐詞長調的用韻略重平聲，韻密調促，而又自由靈活，與宋慢詞之偏重仄韻（尤其是入聲）的情況不同。

五唐詞長調別見於聲詩者六調，其中《樂世》、《河滿子》、《傾杯樂》等與大曲歌辭有關，而《離別難》、《鳳歸雲》、《拜新月》三調則曲拍不同。別見於長短句者二調，即《河滿子》及《中興樂》，均因加疊而成長調，或文人遊戲之作，絕不多見。這樣說明了一個事實，就是長調本身自有其獨特的音律句度及發展途徑，非由小令隨意延長而成。又上下片全同者尚有《恭怨春》、《秋夜月》、《金浮圖》、《鳳歸雲》、《別仙子》五調，平仄謹嚴，調式固定，或因音樂需要重唱一次，而不是由小令隨意加疊而成，否則亦當有其他唐宋令詞可作旁證。

六除聲詩體外，唐詞長調尚可因句度分作律體、律慢過渡體及唐慢體三類，蓋自具體貌，非宋代慢詞這一個名稱所能包涵。即如韻拍方面，律體及律慢過渡體中的《離別難》、《歌頭》、《金浮圖》、《中興樂》、《鳳樓春》等均因韻密而使音調短促，亦與曼聲長吟的慢體本質不同，這是二者之所以不宜混同的理由。且十九調中，到宋代仍見存辭者，僅八調而已，且多與唐調無涉。其中較見例外者三調：《河滿子》韻律相同，基本上仍屬律體；《秋夜月》入宋後已屬標準慢體；《內家嬌》句拍雖同，韻叶卻異。由此可得另一反證：即宋詞小令固淵源於唐五代，其體貌多同；但慢詞卻並非由唐調直接變化而出，而必結合於當日的民間新聲，才可能產生獨特的韻律聲情，最後開花結果，蔚爲一代體製。所以敦煌存辭中雖見慢體作品，卻沒有一闋與宋詞完全相同。現在再回頭來檢討《連理枝》等四調，它們分別出自《尊前集》、《全唐詩》，已啓後人疑竇，今又證明它們與宋詞韻律相同，純屬宋代慢詞體格，不合於唐調的體製、氣韻及文學史的發展程序，也就不妨定爲宋人僞作了。

（原載《詞學》第二輯，頁六一—七五，上海，一九八三年十月。）

聲詩和聲與詞體的關係

聲詩是合樂的作品，雖然未能因應曲拍，起碼也盡量配合樂曲的需要。因此在現在的聲詩作品中，仍然保留很多和聲。邱燮友說：

歌謠中的和聲，謂之散聲，詩歌中和送聲的應用，在于配合音樂的節奏，和聲用在詩歌的中間，送聲便用在詩歌的末了。我國的詩歌一向不脫離音樂，而和送聲的使用，可以增加音樂的效果。它的作用有二：一爲使詩歌的句法化爲參差，多變化能增加歌詞句調上的繁複性。一爲多人加入和唱，能增加音調上的強烈性。在我國的詩歌中，使用和送聲最能引人注意的是吳歌和西曲，其次唐詩也普遍地應用，故促成長短句——詞的誕生。①

不過也有人不同意這種說法，張世彬說：

泛聲塡實，雖爲造成雜言歌詞原因之一，惟不足以證明全部雜言的唐宋詞皆由此而成。且古人稱詩，是包括了齊言雜言的。後人誤以爲詩必齊言，遂謂長短句詞由詩塡實泛聲而成，其說與事實不符。②

雖說詞體的成立主要是由音樂來決定的，但無可否認和聲也是促使聲詩發生變化的內在因素之一，這是一項古已有之的說法，如朱熹稱作「泛聲」，胡仔稱作「虛聲」，方成培稱作「散聲」，而沈括、胡震亨以至《全唐詩》的編者全稱作「和聲」等。名稱雖異，所指實在是同一樣的東西，所以現在一律稱作「和聲」，這是一個較流行的稱謂，同時亦表示從衆之意。關於聲詩的和聲形態，目前約可歸納爲三類：

一、和聲由一些並不代表意義的字句組成，大多數是樂曲的伴唱或延長，以增加旋律之美。例如敦煌《十二月歌》中「二月」及「四月」兩詞下分別注有「也也也也」四字，其他各首則沒有。可見和聲也不是隨意加上去的，必然是樂曲的有機組織部分。

二、和聲由兩組與調名或題意有關的詞語組成，相互叶韻，可以交錯使用，而分別施於句末或句中的位置。如《竹枝》一調每句句中及句末的「竹枝」、「女兒」便是。其中皇甫松詞六首、孫光憲詞兩首同，每句各用兩組和聲，又皇甫松的《采蓮子》二首，其和聲是「舉棹」、「年少」，但每句各用一組。

三、和聲由一組字句組成，可以與調名無關，但通常都含有祝頌的意味，全放在每一首曲子結尾的地方。如張說《蘇摩遮》七言五首，全用「臆歲樂」。《舞馬詞》六言六首，前兩首用「聖代昇平樂」，後四首用「四海和平樂」。敦煌曲子詞《龍州詞》七律一首用「泛龍洲，游江樂」③又盧綸《天地長久詞》五絕三首、七絕兩首，其中五絕三首下用「天長久，萬年昌」。對於這一類聲詩作品末尾多出來的字句，當然可以全視作和聲，但張說所用的「臆歲樂」、「聖代昇平樂」及「四海和平樂」等會不會專指某一段曲子的旋律，以作伴奏之用呢？這是頗堪玩味的問題。因爲如將它們全視作和聲，可能聽起來不會比「竹枝」、「女兒」等悅耳了。

至於聲詩與詞體的淵源關係，我們可以考察以下幾個調子，以進一步了解詞體在發展過程中所遺留下來的歷史痕迹以及它內部的組織結構。

《楊柳枝》是現存作品中最多的一個詞調，而且絕大部分都是七絕聲詩，但其中尚有顧敻、張泌及敦煌曲子詞各一首可堪注意，如《花間集》所載顧敻詞云：

秋夜香閨思寂寥。漏迢迢。鴛鴦羅幌麝烟銷。燭光搖。　正憶玉郎游蕩去。無尋處。更聞簾外雨瀟瀟。滴芭蕉。

在一首聲詩的基礎上，於每句下各添三言一句，且復與上句叶韻，因而在第三句本來仄收不叶韻的地方便多了一部仄韻出來，同時各三言句並無獨特的含義，甚至可以說還相當淺俗，倘若全部刪去，則詞意更覺涵渾。《唐五代詞》中尚存張泌一首，韻律全同。《碧雞漫志》說：「今黃鍾商有《楊柳枝》曲，仍是七言四句詩，與劉、白及五代諸子所製並同，但每句下各增三字一句，此乃當時和聲，如《竹枝》、《漁父》，今皆有和聲也。舊詞多仄字起頭，平字起頭者十之一二，今詞盡皆仄字起頭，第三句亦復仄字起，聲度差穩耳！」（卷第五）蓋王灼以爲各三言句原皆屬和聲，但從現存唐五代作品中尚未發現更適合的例證可以支持王說，任二北《敦煌曲初探》說：「《楊柳枝》既無和聲，亦無虛聲、泛聲。晚唐人曾就原調添聲，以暢其曲度，但並未添辭。至五代，始就晚唐所添之聲，添辭以塡實之。」（頁一一〇）蓋就溫庭筠、裴諴之「新添聲楊柳枝詞」以立論，因而力主「添聲」一說，雖與「和聲」之性質不同，惟與「塡實」之說，不謀而合，自可並行不悖了。其實宋朱敦儒亦嘗於此調每句下各添「柳枝」二字，以爲和聲，則部分唐五代作品可能亦有和聲，只不過未能保存下來而已。至於敦煌曲子詞的演變更見進步，簡直就是一首標準的詞了。

春去春來春復春。寒暑來頻。月生月盡月還新。又被老催人。　只是庭前千歲月，長在長存。不見堂上百年人。盡總化爲塵。

雖然平仄略見拗亂，且同以兩「人」字作叶，有複韻現象；但所加各句分別爲四言及五言，調式已較靈活，而各句又自貫串成文，不能刪棄，否則詞意便不完整，與前引顧夐詞差別甚大。又此詞的年代可能比顧夐詞還來得早，然而亦不會影響我們的結論，因爲民間詞體的調式較豐富較靈活，但文人模仿與否，仍是有他自己挑選的權利。不過，我們站在詞史的發展歷程來說，從聲詩至顧夐（張泌）詞再到敦煌曲子詞這一系列的演進是比較合理可信的。

《南歌子》之見於《雲溪友議》者，有裴諴詞三首，都是五絕聲詩，但溫庭筠已創爲詞體了，凡七闋，全同。其一云：

手裏金鸚鵡，胸前繡鳳凰。偷眼暗形相。不如從嫁與，作鴛鴦。

前三句仍用五言，但末一句已變作「五三」句法了，我們不便說是由於和聲的緣故，但起碼也與聲律上的攤破手法有關，其音調已較一首整齊的五絕流動多了。後來到了張泌、歐陽炯等，又在溫詞的基礎上作出修正，張泌詞云：

柳色遮樓暗，桐花落砌香。畫堂開處遠風涼。高卷水精簾額、襯斜陽。（其一）

前兩句仍用五言，但第三句已改用七言，第四句則攤破作「六三」句法，已算是成熟的詞體了。至於毛熙震、孫光憲詞等依張泌詞作雙疊，而敦煌曲子詞更於末句攤破作「四五」、「六五」等句法，變化最大，亦最堪玩味了。

《浪淘沙》原亦用七絕聲詩體，但李煜所存兩首已屬正式詞體了，如：

簾外雨潺潺。春意闌珊。羅衾不耐五更寒。夢裏不知身是客，一餉貪歡。　獨自莫凭闌。無限江山。別時容易見時難。流水落花春去也，天上人間。

雖用雙疊，但中間各保留七言兩句，仍是唐調的特色所在，其他例證尚多，這裏不擬一一引錄了，但敦煌曲子詞中尚有一個極明顯的例子可以啓發我們去認識這個問題，不妨抄下來看看。《鵲踏枝》云：

獨坐更深人寂寂。分離路遠關山隔。塞雁飛來無消息。交兒牽斷心腸憶。　仰告三光珠淚滴。交他耶娘，甚處傳書覓。自嘆宿緣作他邦客。辜負尊親虛勞力。

這是一首介於聲詩長短句之間的作品，上片用七言四句，十分整齊；但下片第二句已攤破作「四五」句法，第三句則加一襯字，其實這只是《敦煌零拾》本所看到的情況。另卷伯四〇一七中，上片第二句亦用「四五」句法作「憶戀家鄉，路遠關山隔」，則上下片全同，與其他唐五代作品無異。此外，

《敦煌零拾》所載另一首《鵲踏枝》云：

> 叵耐靈鵲多瞞語。送喜何曾有憑據。幾度飛來活提取。鎖上金籠休共語。　比擬好心來送喜。誰知鎖我在金籠裏。欲他征夫早歸來，騰身卻放我向青雲裏。

此調除了多用三個襯字，基本上是七言八句，或者是未演變爲詞體前此調之原始形態，當屬聲詩作品。後來則逐漸定型爲《蝶戀花》了。因此，我們對於聲詩之所以演變爲長短句，除了音樂本身是一項決定性的因素之外，和聲、添聲及攤破等不斷刺激亦當有其重大的影響。

最後，我們想談談李賀的《十二月樂辭》，它和敦煌的《十二月歌》及《十二月詩》等七絕聲詩的體製全不相同，而且又多了「閏月」一首。集中原題《河南府試十二月樂辭並閏月》，可知這本來是應試的作品，但被時人采入曲子中，所以《樂府詩集·近代曲辭》也就采錄進去了。這十三首詩的體製大部分不同，如正月七言八句、二月九句、三月十句、四月七句、五月五言八句、七月十句、八月八句、九月七言八句、十月七句、十一月六句、十二月四句。其中六月及閏月的首句更攤破作三言兩句，按理當爲七言五句及六句。句式方面大致整齊，可以視作聲詩；但調式方面常有五句、七句、九句出現，頗與《浣溪沙》的結構相類。至於韻式方面則變換頻繁，似有意衝破近體詩格律的束縛，給人一種不古不律的新感覺，現在試以「六月」爲例：

> 裁生羅，伐湘竹。帔拂疏霜簟秋玉。炎炎紅鏡東方開。暈如車輪上徘徊。啾啾赤帝騎龍來。

此詩前二韻是一組，後三韻又是一組。從格律來說，固然不是詞體，但已較一般的聲詩靈活多了。李賀勇於創新的精神，難道又對詞體沒有絲毫的催化作用嗎？我們不要忘記：李賀的作品也常常被人譜入歌曲中唱啊！

【註釋】

① 邱燮友《唐代民間歌謠與敦煌曲子詞之研究》，引自第五章《唐代民間歌謠結構的分析》第三節「散聲應用」，稿本。

② 張世彬《中國音樂史論述稿》，香港：友聯出版社，一九七四年十一月，頁一九七。

③ 此處所引據伯三二七一。另卷斯六五三七題《泛龍洲詞》無結尾六字。可知當抄錄曲子詞的時候，和聲有時會被刪去。

（原載《詞學》第五輯，頁一四八——一五三，上海，一九八六年十月。）

吳文英的節令詞

節令深具民族的色彩，反映民間習尙，源遠流長。自南宋迄今，朝代雖然改換了好幾個，但傳統的節令卻沒有多大的改變，吳文英《夢窗詞》存詞三百四十闋，其中專詠節令或與節令有關的六十二闋，約佔一八・二％，這是很高的比例。計有歲旦二闋、元日三闋、人日一闋、試燈夜二闋、上元二闋、元夕四闋、寒食四闋、清明七闋、重午五闋、七夕七闋、中秋五闋、重九十一闋、冬至二闋、仲冬望後一闋、催雪一闋、臘朝一闋、除夜三闋、除夜立春一闋、立春一闋。

在這些作品裏，吳文英所寫的，大抵都與時局無關，只以反映個人的悲歡爲主。佳節懷人，感情抑鬱，這是吳文英節令詞的主調。歡愉的日子溜得很快，詞不寫也就過了；但寂寞離亂的日子就不容易打發了。尤其是佳節當前，顧影神傷，更容易勾起絲絲的回憶，而詞讀來自然也特別哀怨感人。我們研究吳文英的節令詞，以藝術表現爲主。由於詞中的節日跟現代幾乎一致，讀起來十分親切，對當代的詩詞創作也有參考作用。吳文英的節日詞不一定標明年代，對研究他的生平事蹟可能沒有多大幫助，知之爲知之，我們也不擬妄加附會。本文以節日爲主，分爲新年、元夕、清明、重午、七夕、中秋、重九、冬至、除夜及立春九組，將吳文英的節日詞跟時代習尙、個人身世結合起來，加以考察。吳文英的寫作技巧靈活多變，感覺敏銳，善於把江南獨特的地方色彩和歷史傳說融入作品當中，構成一幅幅精采感人的南宋風俗畫。

新年

吳文英新年詞中，計歲旦二闋、元日二闋，都以懷人爲主。另人日詞一闋，則賀友人得子之作，跳出懷人窠臼，別開生面。諸詞多反映時尙習俗，但也強調個人的感覺，賞花鬥花，畫雞梅箋，風光如畫，色澤鮮妍。《探芳新．吳中元日承天寺遊人》云：

九街頭。正軟塵潤酥，雪消殘溜。禊賞祇園，花艷雲陰籠晝。層梯峭，空麝散，擁凌波，縈翠袖。歎年端，連環轉，爛漫遊人如繡。　腸斷迴廊佇久。便寫意濺波，傳愁蹙岫。漸沒飄鴻，空惹閒情春瘦。椒杯香，乾醉醒，怕西窗，人散後。暮寒深，遲回處，自攀庭柳。（頁一六六八）

①

《探芳新》是吳文英的自度新腔，由《探芳信》及《探春慢》二調變化而來。這是在蘇州過年的作品。詞中上片先寫街上殘雪，寺園花艷。「層梯」「麝散」，「凌波」「翠袖」，既寫花姿，亦寓麗人。「歎年端連環轉爛漫」八字，疊韻驚歎，表現新年遊人衆多，句句切題。下片專寫個人落寞的處境，突然湧出強烈的盛衰之感。詞又見《鐵網珊瑚》，題作《自度腔高平探芳新賦元日能仁寺薄遊》，②似當作於宋理宗淳祐三年（一二四三）元日，吳文英從杭州回到蘇州尋訪愛姬。能仁寺原名承天寺，當日或寓居寺內，故有「暮寒」、「人散」之語。又《浣溪沙・觀吳人歲旦遊承天》云：

千蓋籠花鬥勝春。東風無力掃香塵。盡沿高閣步紅雲。　閒裏暗牽經歲恨，街頭多認舊年人。晚鐘催散又黃昏。（頁一一二四）

上片極寫花事之盛，下片則寫黃昏人散，作意相近。王仁裕《開元天寶遺事》云：「長安王士安，春時鬥花，戴插以奇花多者爲勝。皆用千金市名花植於庭苑中，以備春時之鬥也。」③《塞垣春・丙午歲旦》云：

漏瑟侵瓊管。潤鼓借，烘鑪暖，藏鉤怯冷，畫雞臨曉，鄰語鶯囀。殢綠窗細，呪浮梅琖。換蜜炬，花心短。夢驚回，林鴉起，曲屏春事天遠。　迎路柳絲裙，看爭拜東風，盈灞橋岸。髻落寶釵寒，恨花勝遲燕。漸街簾影轉。還似新年，過郵亭，一相見。南陌又鐙火，繡囊塵香淺。（頁五四）

此詞作於一二四六年，詞中灞橋用京師典，吳文英當居於杭州。上片全寫新年景色，由夜到曉，天氣濕冷。詞中藏鉤之戲，畫雞於門，綠窗鶯轉，梅盞浮春等等描寫，都是眼前春景，其實也是回憶情事。可惜短炬夢回，一切都成過去。下片復由曉至夜，柳絲搖曳，東風薰人欲醉。夢窗詞中的「燕」幾乎都是指人，呼之欲出；④而詞中「寶釵」、「花勝」等語，遲待燕歸，觸景傷情。郵亭相見是一種奢望，燈火夜闌，繡囊香淺，好夢難圓，自然也無法落實了。詞中的一日其實也就象徵了詞人的一生，由始至終都籠罩於一層黯淡隱秘的夜色當中，只有一瞬的青春最爲熾熱，可惜卻又十分短暫。大抵此詞寫的都是意識的流動，轉接無跡，而背景只有映襯作用。夢窗另有《醉桃源・元日》，極寫靜的感覺，也很出色。

《洞仙歌・方庵春日花勝宴客，爲得雛慶，花翁賦詞，俾屬韻末》云：

芳辰良宴，人日春朝並。細縷青絲裹銀餅。更玉犀金絲，沾座分簪，歌圍煖，梅靨桃脣鬥勝。露房花曲折，鶯入新年，添箇宜男小山枕。待枝上，飽東風，結子成陰，藍橋去，還覓瓊漿一飲。料別館，西湖最情濃，爛畫舫月明，醉宮袍錦。（頁一八一）

這是一闋人日的作品。李方庵是蘇州倉幕的同僚。孫惟信（一一七九—一二四三），子季蕃，號花翁，開封人；棄官後隱居西湖，歷游蘇杭，尤工長短句，著《花翁集》。上片祝賀李方庵新年得子，生菜銀餅，春盤奉客。花勝歌席，舉座皆歡。下片專寫方庵，魚水相得。藍橋瓊漿用裴硎《傳奇》中裴航遇雲翹夫人故事，夫婦在藍橋驛相偕仙去。結拍刻意渲染一段濃情，畫舫錦袍，春色爛漫。

元夕

吳文英元夕詞八闋。元夕是一歲夜節之首，也是年節結束前的高潮。圓月中天，花燈耀地，十分熱鬧。上元張燈或始於初唐，以後相沿成俗，深受朝野的重視。唐代原有宵禁之令，只有元宵節才解禁，開市燃燈，百姓自由來往。唐玄宗時，元宵節爲三天。宋太祖以天下昇平，擴爲五夜。宋理宗淳祐三年起，改爲上元六夜燈，由十三日起掛燈，直到十八日才收燈。吳文英寫蘇州元夕及燈市之作頗多，加以個人身世之感，自然也很動人。計有《探芳信·丙申歲（一二三六），吳鐙市盛常年。余借宅幽坊，一時名勝遇合，置杯酒接殷勤之歡，甚盛事也。分鏡字韻》、《六醜·壬寅（一二四二）歲吳門元夕風雨》、《應天長·吳門元夕》、《水龍吟·癸卯元夕》四闋。其他不注明者，或屬杭州之作，例如《燭影搖紅·元夕雨》、《祝英臺·上元》等。《倦尋芳·上元》云：

> 海霞倒映，空霧飛香，天市催晚。暮靨宮梅，相對畫樓簾捲。羅襪輕塵花笑語，寶釵爭艷春心眼。亂簫聲，正風柔柳弱，舞肩交燕。　念窈窕，東鄰深巷，鐙外歌殘，月上花淺。夢雨離雲，點點漏壺清怨。珠絡香消空念往，紗窗人老羞相見。漸銅壺，閉春陰，曉寒人倦。（頁二七一）

此詞作年不詳。天市乃旗中四星，主國市聚交易之所，夢窗或指杭州。上片極力鋪排節日的喜慶盛況，景色濃艷。下片寫深巷中相對的寂寞情緒，心境寧靜。過去的歡夢，今夕的離情，心頭點滴，一一都從清漏中展現出來。「珠絡」、「紗窗」兩組意象，揭示團聚無期。結語仍是以銅壺春陰收束元夕的艷景，氣氛淒黯。

《點絳唇·試鐙夜初晴》云：

> 捲盡愁雲，素娥臨夜新梳洗。暗塵不起。酥潤凌波地。　輦路重來，彷彿鐙前事。情如水。小樓薰被。春夢笙歌裏。（頁一三〇）

此詞當爲晚年臨安之作，主要寫雨後新晴的感覺。上片寫雨過月出，一片清明的世界，心無纖塵。下片轉入回憶情節。小樓春夢，寂寞笙歌，外面的試鐙可能已經不能喚起詞人的興致了。流麗輕倩，去來無跡，自是夢窗傑作。

清明

自冬至一百五日，至寒食，習俗禁火三日。寒食第三日爲清明，家家折柳插門，上墳祭掃，吳文英寒食詞四闋，清明詞七闋，合共十一闋。其中四闋爲間接提及，例如《定風波》云：「煙冷，人家垂柳未清明。」（頁一四三）《珍珠簾．春日客龜谿，過貴人家，隔牆聞簫鼓聲，疑是按歌，佇立久之》云：「還近綠水清明，歎孤身如燕，將花頻繞。」（頁一九二）《祝英臺近．春日客龜谿遊廢園》云：「自憐兩鬢清霜，一年寒食，又身在雲山深處。」（頁一五三）《倦尋芳．餞周糾定夫》云：「寒食相思隄上路，行人應在孤山畔。」（頁二七三）《三姝媚》云：「晴蕩漾，禁煙殘照。」又云：「恨逐孤鴻，客又去，清明還到。」（頁二七三）其他各詞多反映民俗，例如秋千、競渡等，我們都能在夢窗詞中找到歷史的痕跡。又夢窗清明詞多以德清和西湖爲背景，其中西湖可能更包含一個動人的戀愛故事，反而蘇州對他幾乎沒有甚麼感覺，跟其他節日的情味不同。

《瑞龍吟．德清清明競渡》云：

大谿面。遙望繡羽衝煙，錦梭飛練。桃花三十六陂，鮫宮睡起，嬌雷乍轉。　去如箭。催趁戲旂遊鼓，素瀾雪濺。東風冷濕蛟腥，澹陰送晝，輕霏弄晚。　洲上青蘋生處，鬥春不管，懷沙人遠。殘日半開，一川花影零亂。山屏醉纈，連棹東西岸。闌干倒，千紅妝靨，鉛香不斷。傍暝疏簾捲。翠漣縐淨，笙歌未散。簪柳門歸嬾。猶自有玉龍，黃昏吹怨。重雲暗閣，春霖一片。（頁一一二）

德清在杭州市北。據說競渡起於越王勾踐，大概是訓練水戰。北周宗懍《荊楚歲時記》云：「按五月五日競渡，俗爲屈原投汨羅日，傷其死，故並命舟楫以拯之。舸舟取其輕利謂之飛鳧，一自以爲水軍，一自以爲水馬。州將及士人悉臨水而觀之。邯鄲淳《曹娥碑》云：『五月五日，時迎伍君逆濤而上，爲水所淹。』斯又東吳之俗，事在子胥，不關屈平也。《越地傳》云起於越王勾踐，不可詳矣。」⑤宋葛立方《韻語陽秋》云：「今江浙間競渡多用春月，疑非招屈之義。考沈佺期三月三日獨坐驩州詩云：『誰念招魂節，翻爲御魅囚。』王績三月三日賦亦云：『新開避忌之席，更作招魂之所。』則以元巳爲招屈之時，其必有所據也。」⑥可見荊楚、東吳、越地各有風習，而夢窗所記德清競渡，則爲越地清明民俗留下了實證，十分難得。詞分三段，首段大谿面乃競渡之地，先寫龍舟裝飾，嬌雷形容鼓聲，次段描寫競渡場面，由早至晚。第三段聲明競渡只是一種鬥春民俗，沒有弔屈之意。繼寫江川花影，「醉纈」原是一種彩色繒帛的名稱，這裏用來形容江上的山色。「千紅妝靨」形容仕女觀看競渡時的盛裝。跟著寫黃昏水靜河飛，笙歌未散，玉龍曲怨，不盡依依之情。末以暗雲春雨作結，倍添淒黯的氣氛。全詞設色鮮妍，鬧中有靜，結構謹嚴，自是夢窗清明詞中最具特色的作品。

《渡江雲三犯．西湖清明》則佈置迷人的邂逅場景。

羞紅顰淺恨，晚風未落，片繡點重茵。舊隄分燕尾，桂棹輕鷗，寶勒倚殘雲。千絲怨碧，漸路入仙隖迷津。腸漫回，隔花時見，背面楚腰身。　逡巡。題門惆悵，墮履牽縈，數幽期難準。還始覺，留情緣眼，寬帶因春。明朝事與孤煙冷，做滿湖風雨愁人。山黛暝，塵波澹綠無痕。

（頁四）

此詞寫初遇，迷離惝恍，色空如幻。上片桃花漫天，隄岸濃雲。千絲楊柳把人引入仙境，隔花一見，眞幻堪疑。下片用題門、墮履的典故暗示兩人親密的關係，引入別後無盡的思念。「明朝」句將詞的感情推上高潮，楊鐵夫云：「兜頭一轉，力重千鈞，所謂空際轉身法。夢窗神力，非他人可及。此等筆法，隨處遇之。必先知此，始許讀夢窗詞。」結句的節奏突然又變得寬緩，令人留不盡之意。結構之妙，匪夷所思。陳洵云：「此詞與鶯啼序第二段參看。『漸路入仙隖迷津』，即『溯江漸招入仙溪』。『題門』『墮履』，與『錦兒偷寄幽素』，是一時事，蓋相遇之始矣。明朝以下，天地變色，於詞爲奇幻，於事爲不詳，宜其不終也。」⑦案《鶯啼序》首段云：「殘寒正欺病酒，掩沈香繡戶。燕來晚、飛入西城，似說春事遲暮。畫船載、清明過卻，晴煙冉冉吳宮樹。念羈情遊蕩，隨風化爲輕絮。」（頁一九九）象徵的運用出神入化，虛實相生。又《掃花遊．西湖寒食》懷人的主題亦近，均可參看。

《風入松》專寫相思濃情，詞云：

聽風聽雨過清明。愁草瘞花銘。樓前綠暗分攜路，一絲柳一寸柔情。料峭春寒中酒，交加曉夢啼鶯。　西園日日掃林亭。依舊賞新晴。黃蜂頻撲鞦韆索，有當時纖手香凝。惆悵雙鴛不到，

幽階一夜苔生。（頁一九四）

這是吳文英清明詞中的憶姬名作，無懈可擊。陳洵云：「見秋千而思纖手，因蜂撲而念香凝，純是癡望神理。『雙鴛不到』，猶望其到，『一夜苔生』，蹤跡全無，則惟日日惆悵而已。當味其詞意醞釀處，不徒聲容之美。」⑧又《點絳唇》云：「時霎清明，載花不過西園路。」（頁一三〇）《西子妝慢・湖上清明薄遊》云：「燕歸來，問綵繩纖手，而今何許。」（頁一五六）《三姝媚》云：「曲榭方亭初掃。印蘚跡雙鴛，記穿林窈。」（頁二七三）諸詞意象相似，作法相近，吳文英一再藉詞抒發內心的抑鬱，而文學和生活也就融爲一體了。按秋千原爲夷狄習武之戲，唐代以爲寒食遊戲。王仁裕云：「天寶宮中，至寒食節，競豎鞦韆，令宮嬪輩戲笑，以爲宴樂。帝呼爲半仙之戲。都中士民因而呼之。」⑨衣袂飄揚，體態婉轉，長安市民，爭相倣傚。吳文英清明詞中亦多見秋千之戲，大抵宋朝還有這種習俗。

重午

吳文英重午詞五闋，以懷人爲主，不談時局；與傳統的弔屈寄意無關，亦不見龍舟競渡，技法迥異。《澡蘭香・淮安重午》是集中名作之一，大概作於蘇州倉臺幕僚任內。作者任意變換時空順序，意象跳躍，心情反覆；而詞意纏綿，音節流動，絕望之中又有希望。

盤絲繫腕，巧篆垂簪，玉隱紺紗睡覺。銀缾露井，綵箑雲窗，往事少年依約。爲當時曾寫榴裙，傷心紅綃褪萼。黍夢光陰，漸老汀洲煙蒻。莫唱江南古調，怨抑難招，楚江沈魄。薰風燕乳，

暗雨梅黃，午鏡澡蘭簾幙。念秦樓也擬人歸，應剪菖蒲自酌。但悵望一縷新蟾，隨人天角。（頁一六二）

夢窗出差，在淮安度節，因而想念蘇州的佳人。上片首先想像佳人在家中安睡，然後再追溯少年時過節的歡宴場面；跟著摹寫現實，漸老汀洲，紅綃莓褪，表現強烈的感情落差。下片專寫佳人的相思之情，生涯漂泊，怨抑難招，似以屈原自況。夢窗自知功名無望，頗具反諷意味。「薰風」句寫佳人家居及應節習俗。三句辟邪保重，期待歸人。結句佳人遙望新月，海角天涯，一意追隨到底，想像淒美。其實下片雖從佳人方面落筆，主要還是寫一己的癡念，雖遙隔兩地，而情懷如一，心心相扣，十分巧妙。

《隔浦蓮近．泊長橋過重午》云：

榴花依舊照眼。愁褪紅絲腕。夢繞煙江路，汀菰綠，薰風晚。年少驚送遠。吳蠶老，恨緒縈抽繭。　旅情懶。扁舟繫處，青帘濁酒須換。一番重午，旋買香蒲浮琖。新月湖光蕩素練。人散。紅衣香在南岸。（頁九九）

此詞作年不詳，大抵也是旅途中的懷人之作。長橋即吳江利往橋，後因建亭而易名垂虹橋。上片「愁褪紅絲腕」喻人事已非，少年的日子遠人而去，吳蠶結繭，徒添無端的離緒。下片菖蒲泛酒，節日無聊。結句月出人散，銀光皎潔；南岸的荷花盛開，紅衣搖曳。意識流動，想像神奇，撫慰寂寞的旅情，生色不少。不讓《澡蘭香》的「一縷新蟾」專美。

《滿江紅．甲辰歲盤門外寓居過重午》云：

結束蕭仙，嘯梁鬼、依還未滅。荒城外、無聊閒看，野煙一抹。梅子未黃愁夜雨，榴花不見簪秋雪。又重羅、紅字寫香詞，年時節。　簾底事，憑燕說。合歡縷，雙條說。自香銷紅臂，舊情都別。湘水離魂菰葉怨，揚州無夢銅華闕。倩臥簫、吹裂晚天雲，看新月。（頁二二）

甲辰歲即宋理宗淳祐四年（一二四四），盤門即吳門，夢窗從杭州回到蘇州訪尋姬人，著意塑成荒原的心境。首句應節寫佩戴蕭艾，但鬼魅嘯聚，未能起辟邪作用。次句寫荒城野煙，四望蕭瑟；而「無聊」則更突出個人的失落情懷。三句梅雨及榴花寫天氣及節候，詞人擔心榴花開盡之後，很快又是一片蕭瑟的秋意了；世情多變，心境落拓。四句寫佳節溫馨的回憶。下片條脫即腕釧，紅臂香銷，舊情都成虛幻。三句菰葉用以裹粽，銅華乃鏡子，揚州夢覺，湘水離魂只用來襯托個人的愛情落空，亦與弔屈無關。結句想像出奇，寄意於簫聲引鳳，響遏行雲，而新月破空自然也就帶出了新的希望。

《踏莎行》也是重午憶姬之作。

潤玉籠綃，檀櫻倚扇。繡圈猶帶脂香淺。榴心空疊舞裙紅，艾枝應壓愁鬟亂。　午夢千山，窗陰一箭。香瘢新褪紅絲腕。隔江人在雨聲中，晚風菰葉生秋怨。（頁二二）

上片兩句想像佳人的肌膚、櫻唇和粉頸，是一幅古雅的仕女圖。「榴心」句對節傷情，暗傷離別。下片往事如煙，連纏臂長命縷的紅絲香瘢也不留痕跡。結句陷入一片風雨聲中，喚起內心潛伏的怨抑，象徵的運用出神入化。王國維《人間詞話》云：「介存謂：夢窗詞之佳者，如『水光雲影，搖蕩綠波；撫玩無極，追尋已遠。』余覽夢窗甲乙丙丁稿中，實無足當此者。有之，其『隔江人在雨聲中，晚風菰葉生秋怨』二語乎？」⑩又《杏花天・重午》一闋，楊鐵夫亦訂爲憶姬之詞。

吳文英重午詞五闋，似乎都不寫屈原事功或寄託時事，只有懷人情緒，突破了傳統重午詩文的習套，而刻劃出一段迷離的愛情故事。夢窗才秀人微，游幕終身，因詞寄意，自然也流露了個人的身世之感。加以江湖煙景、節俗習尙，詞人出入於古典與現實之間，迷離惝恍，曼聲微吟，也就寫下這幾首具有獨特審美意義的重午詞了。

夢窗重午詞五闋，情調如一，雖視角不同，大抵都跟蘇州的一段戀情有關。楊鐵夫在《藻蘭香》中釋云：「至重午何以憶伎，蓋亦相逢之紀念日也。」聊備一說，未必可靠。諸詞大概都在回憶一段綺旎的少年往事，榴花照眼，紅綃蕚褪，總有一位明艷的女子出現在讀者的眼前，然後又慢慢褪色。至於應節景物如艾枝、菖蒲、蕭仙、菰葉等則用來渲染一股神秘幽暗的氣氛，作者無法祓除內心的一股魔障。又諸詞都在刻劃旅情和客懷，即使居家也是充滿漂泊之感，未得安頓。詞的結尾多數出現一彎新月，是象徵一位少女，還是一番希望？《踏莎行》以雨聲作結，秋怨方濃，而氣氛就特別低沈了。

七夕

吳文英七夕詞七闋。七夕可以說是中國的婦女節。女子望月穿針以乞巧；或以小蜘蛛置盒子內以求巧。民間又盛傳牛郎織女的傳說，其實這都象徵了大家對愛情的憧憬。王仁裕云：「帝與貴妃，每至七月七日夜在華清宮遊宴。時宮女輩陳瓜花酒饌列於庭中，求恩於牽牛、織女星也。又各捉蜘蛛閉於小盒中，至曉開視蛛網稀密，以爲得巧之候；密者言巧多，稀者言巧少。民間亦效之。」又云：「宮中以錦結成樓殿，高百尺，上可以勝數十人，陳以瓜果酒炙，設坐具，以祀牛、女二星。嬪妃各以九孔針、五色線，向月穿之，過者爲得巧之候。動清商之曲，宴樂達旦。士民之家皆效之。」⑪夢窗七夕詞幾乎都不理會天上的世界，主要仍以懷人爲主，結構謹嚴，自然也反映了宋代的習俗。《六么令》是集中七夕詞的佳作，將時令習俗及個人身世揉合在一起，悱惻纏綿，音詞淒愴。

露蛩初響，機杼還催織。婺星爲情慵懶。佇立明河側。不見津頭艇子，望絕南飛翼。雲梁千尺，塵緣一點，回首西風又陳跡。　那知天上計拙，乞巧樓南北。瓜果幾度淒涼，寂寞羅池客。人事迴廊縹緲，誰見金釵擘。今夕何夕，杯殘月墮，但耿銀河漫天碧。（頁九六）

這是一闋佳節懷人，充滿孤獨情緒的作品。催織固寫蟲聲，亦寫織女星的出現。婺女又名須女，有四星，似與織女無關；但夢窗《惜秋華．七夕》亦有「銀河萬古秋聲，但望中婺星清潤」之句，（頁二二三）可見夢窗已屢用來代織女星了；此外，婺女的分野屬吳地，亦可暗喻蘇州。繼寫鵲橋未成，無船可渡；但即使鵲橋搭成，雲梁千尺，一番短聚，轉眼又成陳跡，亦徒添悵惘而已。下片寫天上雙星的困境，但人間南北乞巧，其實也一樣充滿了滄桑。羅池客以柳宗元貶謫柳州自況，暗喻功名無望。至於愛情則更是縹緲了，迴廊月墮，若有所待。結句空靈澄澈，大抵已化解了一切人間的愁怨。

《鳳棲梧．甲辰七夕》云：

開過南枝花滿院。新月西樓，相約同針線。高樹數聲蟬送晚。歸家夢向斜陽斷。　夜色銀河情

一片。輕帳偷歡，銀燭羅屏怨。陳跡曉風吹霧散。簾鉤空帶蛛絲捲。（頁二三五）

甲辰年（一二四四）夢窗在感情上遭遇很大的挫折，振觸無端。此詞起拍南枝滿院，一片花海，人間天上原都有七夕之約，充滿了希望。但隨之「高樹」二句寫歸家夢斷，不禁又湧出失望之情。上片悲歡的對比十分強烈，抽緊感情。下片「情」字點題，銀河夜色，一片奇幻。偷歡怨情都寫回憶，曉風霧散，已成陳跡。結句寫蛛網圓正，本來是一個好的徵兆，但人間團聚似乎卻遙遙無期了。

《惜秋華・七夕前一日送人歸鹽官》爲贈友之作，上片刻劃節日氣氛，下片則送友人上任。

數日西風，打秋林棗熟，還催人去。瓜果夜深，斜河擬看星度。匆匆便倒離尊，悵遇合、雲消萍聚。留連。有殘蟬韻晚，時歌金縷。　綠水暫如許。奈南牆冷落，竹煙槐雨。此去杜曲，已近紫霄尺五。扁州夜宿吳江，正水佩、霓裳無數。眉嫵。問別來，解相思否。（頁二二四）

鹽官乃浙江海寧。上片秋林棗熟，先寫西風節序。跟著即點題寫七夕的前一日，已經準備好瓜果度節，時歌金縷乃勸人珍惜華年，珍惜感情。下片寫綠水蕩漾，平靜無波。南牆寫自己，杜曲則寫對方歸處，紫霄尺五喻接近帝都，南宋當指杭州。吳江夜宿，水佩霓裳，席中的女伎歌舞娛客，可能都成了日後美麗的追憶了。夢窗另有《醉蓬萊・七夕和方南山》，亦爲贈友之作，描寫艷情，節日的氣氛較淡。

夢窗《惜秋華・七夕》云：「人間夢隔西風，筭天上年華一瞬。相逢，縱相疏，勝卻巫陽無準。」（頁二二三）巫陽乃古代的筮師，已不能清楚告知人間的重聚之期；天上華年一瞬，總還有見期。詞中不禁流露出一股刻骨銘心的無奈。此外還有《秋蕊香・七夕》（頁二三二）及《訴衷情・七夕》（頁二三四）。前者云：「雲雨人間未了。」後者云：「釵頭新約，針眼嬌顰，樓上秋寒。」分別寫出輕倩的美，他對人間的情愛總有無限的憧憬。

中秋

中秋節是一個很美麗的日子，秋高氣爽，碧海青天，圓月映照，嬌艷欲滴。尤其是在農業社會裏，秋天也是收穫的季節，五穀豐登，人月雙圓，自然更值得大家慶祝了。

吳文英中秋詞五闋。淳祐三年秋，吳文英置家於太湖支流的小鎮瓜涇，離蘇遊杭。由於疊遭家變，愛姬離去；他在瓜涇度節，期望復合。圓月中天，嘗不到團圓的滋味，思潮起伏，心中充滿嘲弄的感覺。《玉漏遲．瓜涇度中秋夕賦》云：

雁邊風訊小，飛瓊望杳，碧雲先晚。露冷闌干，定怯藕絲冰腕。淨洗浮空片玉，勝花影、春鐙相亂。秦鏡滿。素娥未肯，分秋一半。　每圓處即良宵，甚此夕偏饒，對歌臨怨。萬里嬋娟，幾許霧屏雲幔。孤兔淒涼照水，曉風起、銀河西轉。摩淚眼。瑤臺夢回人遠。（頁二〇六）

這是一首望月懷人的詞。月中有人，人中有月，相互緊扣，結構嚴密，滲透了文章作法。上片的雁訊是秋訊，也是佳人的消息，可惜杳冥難覓。「藕絲冰腕」形容玉腕，乃想像佳人倚闌望月之情。「怯」字寫出了涼意，感覺細膩。跟著月出了，中秋的彩燈與月色相互輝映。「素娥」句寫圓月不肯分出一半的秋光，暗示佳人的決絕；此句包含無限怨情，振起全篇。下片專寫離怨。而明月也漸漸被雲霧遮蔽了。「孤兔」句自喻，寫詞人臨流望月，銀河曉風，一夜無眠。瑤臺月冷，魂夢淒清。楊鐵夫訂爲一二四四年作，即同一年有兩闋中秋詞了，意犯重複，似以分屬兩年爲是。《尾犯・甲辰中秋》云：

紺海掣微雲，金井暮涼，梧韻風急。何處樓高，想清光先得。江汜冷、冰綃乍洗，素娥忺、菱花再拭。影留人去，忍向夜深，簾戶照陳跡。　竹房苔徑小，對日暮，數盡煙碧。露蓼香涇，記年時相識。二十五、聲聲秋點，夢不認、屏山路窄。醉魂幽颺，滿地桂陰無人惜。（頁二九二）

此詞作於一二四四年。上片先寫天色，氣氛淒涼。「高樓」清光，暗示佳人別戀。「江汜」指水邊，「忺」解牽掛；「菱花」即鏡，「水綃」即絲巾，都用來形容明亮的月色。「影留人去」一句點題，說出了作意。下片「竹房」「煙碧」，暮景迷離，回想初遇時的溫馨往事，已成陳跡。「醉魂幽颺」句十分傳神，寫心靈無根的漂泊，儘在不相屬的時空裏悠蕩。「桂陰」亦指月色，自然也無心欣賞了。夢窗詞情景交融，感覺敏銳，往往都有很好的表現。

又《永遇樂・乙巳中秋風雨》結拍云：「問深宮，姮娥正在，妒雲第幾。」（頁二一一）詞作於一二四五年，風雨漫天，姬人未歸，借題發揮，自有更強烈的象徵意義了。吳文英一連三年都有中秋詞，感情陷溺，難以自拔。

《新雁過妝樓・中秋後一夕，李方庵月庭延客，命小妓過新水令，坐間賦詞》云：

閬苑高寒，金樞動，冰宮桂樹年年。剪秋一半，難破萬戶連環。織錦相思樓影下，鈿釵暗約小簾間。共無眠。素娥慣得，西墜闌干。　誰知壺中自樂，正醉圍夜玉，淺鬥嬋娟。雁風自勁，雲氣不上涼天。紅牙潤沾素手，聽一曲清歌雙霧鬟。徐郎老，恨斷腸聲在，離鏡孤鸞。（頁二八八）

此詞大抵作於蘇州，李方庵是倉幕同僚，交誼甚篤。吳文英月夜聽歌，百感交纏，將中秋的氣氛寫得十分出色。上片以月色爲主。閬苑冰宮，圓月高懸，「金樞動」喻天體的運行，變動不居。「剪秋一半」點出節序到了中秋，家家共慶團圓。「相思」、「暗約」，既是人間的遐想，也是人月的幽情；表現詞人特有的想像專利。「共無眠」喻珍惜眼前的月色，不好輕易放過。下片寫歌聲。「壺中」指樓，即題中的月庭，乃賞月之地。「雁風」即秋風，天空沒有雲氣，歌聲也可以上達月宮。「素手」、「霧鬟」，寫歌妓的形相和妝扮。徐郎即徐德言，朱祖謀《夢窗詞集小箋》云：「按《武林舊事》官本雜劇段數有樂昌分鏡。《猗覺寮雜記》云：『大曲新水歌，樂昌公主與徐德言破鏡復合事。』李方庵命妓所歌，即此。故詞云『徐郎老』，又云『離鏡孤鸞』也。」⑫吳文英很巧妙地在結拍中借用典故引入個人的家變故事，情韻動人。

吳文英詞的技巧特別值得注意，有時很普通的題材，不見得有深刻的感情，但只要表達得宜，也可以寫成一闋骨肉勻稱的作品。《思佳客．閏中秋》云：

丹桂花開第二番。東籬展卻宴期寬。人間寶鏡離仍合，海上仙槎去復還。　分不盡，半涼天。可憐閒賸此嬋娟。素娥未隔三秋夢，贏得今宵又倚闌。（頁三二五）

《思佳客》是《鷓鴣天》的別名。閏中秋一生中難得遇上幾次，朱祖謀原據《宋史》訂爲寧宗嘉定十七年甲申（一二二四）。⑬其後夏承燾《吳夢窗繫年》據《二十史朔閏表》及朱存理《鐵網珊瑚》載夢窗手寫詞稿十六闋，一併訂作癸卯年（一二四三）閏八月作，比較合理。⑭此詞開頭寫丹桂花的「第二番」、「展期寬」等都是切合題旨閏中秋說的。其後「寶鏡」、「仙槎」兩句專寫月亮去而復來，中秋轉眼重回人間。下片說秋天悠悠無盡，月亮孤獨地守在天上，有點可憐。結拍說不必再等三秋之久即可與素娥倚闌重聚，仍是緊扣題意。

此詞音調流暢，沒有太重的感情負擔，反而還有點輕快的感覺，這在夢窗詞中比較少見。甲辰姬去之後，夢窗悶然若失，幾乎都是淒苦之音。見月生怨，未必再有這種閒情了。

吳文英中秋詞中似乎還有一個「分半」情結。例如：「剪秋一半，難破萬戶連環。」（《新雁過妝樓》）「分不盡，半涼天。」（《思佳客》）「素娥未肯，分秋一半。」中秋的日子剛是秋天過半，吳文英詞中多次引入「分半」的意念，卻有不同的感覺。以上三詞隨著心境由樂轉悲，由連環而決絕，富於變化。

重九

吳文英重九詞十一闋，這是夢窗節日詞中寫得最多的一組作品。大抵都是與友人登高唱和之作。重九不限於九日，八日、十日都可以登高或泛舟，生活面較廣，多彩多姿。《聲聲慢·陪幕中餞孫無懷於郭希道池亭，閏重九前一日》云：

> 檀欒金碧，婀娜蓬萊，游雲不蘸芳洲。露柳霜蓮，十分點綴成秋。新彎畫眉未穩，似含羞低護牆頭。愁送遠，駐西臺車馬，共惜臨流。　知道池亭多宴，掩庭花長是，驚落秦謳。膩粉闌干，猶聞凭袖香留。輸他翠漣拍甃，瞰新妝，時浸明眸。簾半捲，帶黃花，人在小樓。（頁二五八）

此詞寫於宋理宗紹定五年壬辰（一二三二），吳文英初入蘇州倉臺幕僚之作。郭希道池亭即清華池館。檀欒指竹，婀娜指柳，寫園林芳洲，金碧濃麗；蘸即浸濕，秋高氣爽，不沾雲氣；兩句一密一疏，自然調協。跟著描摹秋深，「十分點綴成秋」表現出濃厚的閏月風光。新月臨流，也就點出西臺送行的主題。下片徵歌逐色。甃爲井壁，寫佳人新妝明艷，雙眸清澈。黃花人瘦，黯然銷魂，小樓凝望，呼之欲出矣。此詞字面麗密，得靠「共惜」、「知道」、「輸他」等虛字行氣，形成了典型的夢窗詞風。

吳文英重九詞中提到的友人有朔翁、沈時齋、吳見山等。大抵登高臨水之外，亦多寫宴飲歌舞的場面，顯得比較歡快。例如《江神子・十日荷塘小隱賞桂，呈朔翁》云：「重陽還是隔年期。蝶相思。客情知。吳水吳煙，愁裏更多詩。」（頁一八七）案劉震孫字長卿，號朔齋，或即夢窗詞中的朔翁；據詞意亦當作於蘇州。又據《霜花腴・重陽前一日汎石湖》，石湖在平江盤門西南十里，此詞或作於淳祐四年甲辰。當年重午、七夕、中秋都在蘇州渡過，由於愛情落空，佳節當前，自然感懷略多了。又《聲聲慢・和沈時齋八日登高韻》一闋寫作時地不詳。

吳見山資料不詳。夢窗詞中有唱和六闋，其中五闋還是和韻。可見吳見山也是塡詞能手，而二人交誼亦深。吳文英與吳見山唱和之作或在蘇州，或在越州。《水龍吟・用見山韻餞別》上片「宦情歸興」句點出作意（頁三五），下片寫他由蘇入杭，生涯漂泊，似乎連命運都有些相近了。吳文英寫給吳見山的重九詞兩闋。《浪淘沙・九日從吳見山覓酒》云：

山遠翠眉長。高處淒涼。菊花清瘦杜秋娘。淨洗綠杯牽露井，聊薦幽香。　烏帽壓吳霜。風力偏狂。一年佳節過西廂。秋色雁聲愁幾許，都在斜陽。（頁三一一）

上片寫節日秋色。「菊花」句有擬人作用，露井薦菊，益覺幽香。楊鐵夫箋云：「所薦者水，無酒可知。爲覓字伏根。」亦可悟詞人鍊字之法，照應題意。下片「吳霜」或指蘇州，或指白髮，但跟「風力偏狂」連用，那就只有象徵宦途險惡了。西廂乃覓酒飲宴之地，雁聲斜陽則渲染深秋淒美的氣氛。

又《蝶戀花・九日和吳見山韻》云：

明月枝頭香滿路。幾日西風，落盡花如雨。倒照秦眉天鏡古。秋明白鷺雙飛處。　自摘霜蔥宜薦俎。可惜重陽，不把黃花與。帽墮笑憑纖手取。清歌莫送秋聲去。（頁一一二）

這也是佳節酬酢之詞。起句意境淒美，西風花雨，秋意瑟瑟。秦眉乃秦望山，天鏡乃鏡湖，都在紹興。下片自薦霜蔥，黃花無人可贈，暗示佳人不在。帽墮用孟嘉落帽的故事，秋色易醉，心情落寞，但纖手拾取，也就充滿美麗的遐想了。歌妓陪宴，珍重清歌。

《惜秋華・八日飛翼樓登高》云：

思渺西風，悵行蹤、浪逐南飛高雁。怯上翠微，危樓更堪憑晚。蓬萊對起幽雲，澹野色、山容愁捲。清淺。瞰滄波、靜銜秋痕一線。　十載寄吳苑。慣東籬深把，露黃偷剪。移暮影，照越鏡，意銷香斷。秋娥賦得閒情，傍翠尊、小眉初展。深勸。待明朝、醉巾重岸。（頁二一二）

飛翼樓乃越州范蠡故址。飛翼樓高十五丈，象徵鎮壓強鄰吳國。此詞上片摹寫秋景。西風南雁，眼前即興。危樓翠微，登高所見。蓬萊閣在臥龍山上紹興郡治後廳，雲中對起，與山容野色融成一片。跟著俯瞰滄江，横臥著一線清淺的秋痕，生動傳神。吳文英詞遠近深淺，佈局精巧，富於層次感；加上幾個感性的詞組如「悵行蹤」、「怯上」、「愁捲」、「靜銜」等穿插其間，也就把秋色渲染得如癡如醉了。下片抒情。首先回憶十年來的蘇州生活。「露黃」即黃花，象徵佳人相伴。「暮影」「越鏡」，則把鏡頭挪移到眼前的鏡湖山色，「意銷香斷」，都成虛妄。「秋娥」句黃昏月出，象徵生活的希望，乃夢窗詞的慣用筆法。「岸」即岸幘，預留酒約，照應題目的八日。

吳文英重九詞中寫愛情的題材不多，可能受節日的色彩所限。有時回憶拂之不去，人天愛恨，難以消弭。吳文英重九詞中的名作，自然也不能完全擺脫愛情的陰影了。《霜葉飛·重九》云：

斷煙離緒。關心事，斜陽紅隱霜樹。半壺秋水薦黃花，香噀西風雨。縱玉勒輕飛迅羽。淒涼誰弔荒臺古。記醉蹋南屏，綵扇咽寒蟬，倦夢不知蠻素。聊對舊節傳杯，塵牋蠹管，斷闋經歲慵賦。小蟾斜影轉東籬，夜冷殘蛩語。早白髮緣愁萬縷。驚飆從捲烏紗去。漫細將，茱萸看，但約明年，翠微高處。（頁八）

吳梅云：「此詞疑在蘇州作，『淒涼』句可證也。」⑮其實此句暗用宋武帝九日登彭城項羽戲馬臺故事，表現節日的歷史意義，不一定寫實。當日吳文英並未登高。上片「斷煙離緒」起句即囊括全詞氣氛。斜陽霜樹，秋水黃花，鋪寫出燦爛的秋色。「薦」，借也；「噀」，噴也；這兩個動詞新穎奇險。「縱玉勒輕飛迅羽」句設想策馬飛馳的快意，連下「荒臺」成句，似乎有不必弔古之意。南屏山在西湖；又樊素善歌，小蠻善舞，都是白居易的歌伎；借典只表示凄美的回憶。下片表現孤凄慵懶的感覺，層層渲染。小蟾月出，白髮飄蕭；烏紗用孟嘉落帽的故事，當然也暗示對仕途的絕望。結句豁達，故留後約，其實也十分無奈。

《瑞鶴仙・丙午重九》云：

亂紅生古嶠。記舊游惟怕，秋光不早。人生斷腸草。歎如今搖落，暗驚懷抱。誰臨晚眺。吹臺高霜歌縹緲。想西風此處留情，肯著故人衰帽。　聞道，萸香西市，酒熟東鄰，浣花人老。金鞭騕褭。追吟賦，倩年少。想重來新雁，傷心湖上，消減紅深翠窈。小樓寒睡起無聊，半簾晚照。（頁一一三）

此詞作於宋理宗淳祐六年（一二四六），當為晚年重回杭州之作。上片「亂紅生古嶠」造境奇麗，山銳而高曰「嶠」，繁花亂堆，充滿離亂情緒，其實也象徵心境。吹臺乃汴城列仙吹臺，借典想像，仙意翩翩。而西風留情，故人衰帽，洋溢著很多懷舊情緒。下片回憶盛日的度節情事，萸香酒熟，金鞭策馬，足以映照眼前的傷心無聊。新雁重來自喻，紅深翠窈，一切皆非。末句黃昏臨近，韶華可惜，愈覺驚心動魄。又《采桑子慢・九日》下片云：「走馬斷橋，玉臺妝榭，羅帕春遺。歎人老，長安鐙外，愁換秋衣。醉把茱萸，細看清淚濕芳枝。重陽重處，寒花怨蝶，新月東籬。」（頁三五二）斷橋、長安，似乎都以杭京為背景。

冬至

冬至一陽生，號為亞歲；陰氣已盡，陽氣方生。魏晉冬至日，受萬國及百僚稱賀，其儀僅亞於歲朝。孟元老《東京夢華錄》云：「十一月冬至。京師最重此節，雖至貧者，一年之間，積累假借，至此日更易新衣，備辦飲食，享祀先祖。官放關撲，慶賀往來，一如年節。」⑯吳自牧《夢粱錄》云：「十一月仲冬，正當小雪、大雪氣候。大抵杭都風俗，舉行典禮，四方則之為師，最是冬至歲節，士庶所重，如餽送節儀，及舉杯相慶，祭享宗禋，加於常節，士庶所重。如晨雞之際，太史觀雲氣以卜休祥，一陽後日晷漸長，此孟月則添一線之功，杜甫詩曰：『愁日愁隨一線長』，正謂此也。此日宰臣以下，行朝賀禮。士夫庶人，互相為慶。太廟行薦黍之典，朝廷命宰執祀於圜丘。官放公私僦金三日。車駕詣攢宮朝享。」⑰宋朝兩京對冬節的重視，可見一斑。夢窗冬至詞兩闋，渴望家庭團聚。《喜遷鶯·甲辰冬至寓越，兒輩尚留瓜涇蕭寺》云：

冬分人別。渡倦客，晚潮傷頭俱雪。雁影秋空，蝶情春蕩，幾處路窮車絕。把酒共溫寒夜，倚繡添慵時節。又底事，對愁雲江國，離心還折。　吳越。重會面，點檢舊吟，同看鐙花結。兒女相思，年華輕送，鄰户斷簫聲噎。待移杖藜雪後，猶怯蓬萊寒闊。最起晚，任鴉林催曉，梅

窗沈月。（頁二四九）

此詞作於一二四四年，吳文英到了越州，家庭離散，因有「路窮車絕」之感。詞人的白髮就像晚潮染雪，景況蕭條。「把酒共溫寒夜」只是佳節的溫馨回憶，主要映襯眼前的孤寂感覺。下片吳越相隔，點出地方。鄰戶飄過的簫聲更喚起沈重的離緒。蓬萊閣在越州，夢窗希望雪後杖藜往訪；杜甫《冬至》詩云：「杖藜雪後臨丹壑。」⑱夢窗用典以應冬節，但「怯」字則點出絕望之情。沈鬱頓挫，哀音自苦。《西江月．丙午冬至》下片云：「帽壓半簷朝雪，鏡開千靨春霞。小帘沽酒看梅花。夢到林逋山下。」（頁三三九）詞作於一二四六年，吳文英住在杭州。詞中「鏡開」即指西湖。想像梅花盛放，在隆冬中綻放出希望。可能只是反諷筆法。

吳文英另有冬詞兩闋，乃冬至前後之作。《無悶．催雪》云：

霓節飛瓊，鸞駕弄玉，杳隔平雲弱水。倩皓鶴傳書，衛姨呼起。莫待粉河凝曉，趁夜月瑤笙飛環佩。正蹇驢吟影，茶煙灶冷，酒亭門閉。　歌麗。泛碧蟻。放繡簾半鉤，寶臺臨砌。要須借東君，灞陵春意。曉夢先迷楚蝶，早風戾重寒侵羅被。還怕掩深院，梨花又作，故人清淚。（頁一七九）

「飛瓊」、「弄玉」，都是雪色。「霓節」、「鸞駕」，則是隆重的迎雪場面。上片主要描寫周圍淒冷的環境，白鶴形容雪飛，衛姨則是北風勁吹，期待雖久，可惜一切總歸沈寂。下片全用想像，東君借力，飛雪傳情，似屬象徵意境。結拍「怕掩深院」、「故人清淚」，明顯是暗喻別後重逢，倍見相愛相憐之意。詞題「催雪」，可能也就是催歸了。又《浣溪沙・仲冬望後出迓履翁，舟中即興》下片云：「石瘦谿根船宿處，月斜梅影曉寒中。玉人無力倚東風。」（頁一一二）摹寫冬景，迎接吳潛來訪，「玉人無力」或有婉謝邀請入幕之意，可能也是試探語氣。楊鐵夫訂爲一二四九年吳潛知紹興府浙東安撫使時的作品。

除夜及立春

自冬至後戌日，數至第三戌，便是臘日；惟通常則指十二月初八日爲臘日。吳文英《柳梢青・與龜翁登研意觀雪，懷癸卯歲臘朝斷橋並馬之遊》云：「流水凝酥，征衫沾淚，都是離痕。」（頁二九七）石龜是翁逢龍，或夢窗兄；詞中回憶癸卯年臘朝西湖斷橋之遊，而寓憶姬之意。又《解語花・立春風雨中餞處靜》，處靜爲翁元龍，或夢窗弟。此組作品多寫家人團聚，因詞寄意。《思佳客・癸卯除夜》云：

自唱新詞送歲華。鬢絲添得老生涯。十年舊夢無尋處，幾度新春不在家。衣嬾換，酒難賒。可憐此夕看梅花。隔年昨夜青鐙在，無限妝樓盡醉譁。（頁三一四）

一二四三年，吳文英在杭州度歲，而家人則留在蘇州。詞中「十年」兩句，回憶蘇州的幕府生活，很多時因公出差，難得在家過節。客中守歲，相對於家中兒女燈前的溫馨場面，自然是有些感傷了。《花犯・謝黃復菴除夜寄古梅枝》寓意於物，寫出了一股淒冷的氣氛。又《喜遷鶯・福山蕭寺歲除》云：

江亭年暮。趁飛雁，又聽數聲柔艣。藍尾杯單，膠牙餳澹，重省舊時羈旅。雪舞野梅籬落，寒擁漁家門户。晚風峭，作初番花訊，春還知否。何處。圍艷冶紅燭畫堂，博簺良宵午。誰念行人，愁先芳草，輕送年華如羽。自剔短檠不睡，空索綵桃新句。便歸好，料鵝黄，已染西池千縷。（頁二四八）

此詞亦是旅途作品，上文所謂「幾度新春不在家」，大抵亦在倉幕。福山在常熟縣西北，起拍即有歸意。詞中藍尾酒及膠牙餳皆歲盞春盤的賀節之物，一一鉤起詞人的回憶。跟著寫眼前歲除晚景，頗覺荒涼之感。下片以熱鬧的紅燭畫堂襯托行人的孤寂無眠，節日徒然使人難堪。末以想像歸家作結，鵝黄千縷，春意盎然，也是詞人夢中唯一的希望。

《祝英臺近・除夜立春》云：

剪紅情，裁綠意。花信上釵股。殘日東風，不放歲華去。有人添燭西窗，不眠侵曉，笑聲轉、新年鶯語。　舊尊俎。玉纖曾擘黄柑，柔香繫幽素。歸夢湖邊，還迷鏡中路。可憐千點吳霜，寒消不盡，又相對、落梅如雨。（頁一五五）

立春通常都在陽曆二月四日。夢窗所指除夜立春同日大抵在宋理宗寶祐五年丁巳（一二五八）。此詞亦是鬧中取靜的慣用寫法，上片寫春天的來臨，但舊年未過，十分切題。下片是回憶和迷惘，西湖的邂逅都成陳跡。再加上吳霜斑鬢，歲月無情，自以哀傷爲主調了。

結論

上文將吳文英的節日詞分為九組，不同的節日各具姿彩，各有特色，也就點綴成一幅幅濃麗的南宋歷史風俗畫了。例如夢窗新年多去承天寺賞花，元夕則在蘇州觀燈；清明多寫客途感受，德清則有越俗的競渡盛況。至於西湖清明更有一段刻骨銘心的邂逅故事，吳文英不斷反覆鑄鍊美人的倩影，癡望神理。重午和七夕，描寫習俗，十分細緻，同時也充滿了懷舊的主調，寄託怨情。中秋雖然渴望人月同圓，但詞人面對的卻是分離的焦灼。重九偕友登高，秋心渺渺；酒酣歌舞，樂趣亦多。冬至詞往往表現寂寞孤絕的感覺。而除夕則感於飄泊，很少在家中守歲。至於立春也多感於歲月的飛逝，倍添迷惘之情。吳文英無論在融化題材、摹寫氣氛等方面，都表現出一流的水準，絕非無病呻吟、普通應酬之作。吳文英詞的結構組織嚴密，前後照應；融情於景，象徵的運用出神入化。在吳文英的節日詞中，由於受了周圍環境氣氛的影響，團圓的渴求十分強烈。但現實生活則是孤淒嚴酷、勞燕分飛的殘局；佳節當前，詞人所能擁有的只是渺茫的希望而已。所以夢窗詞中感情複雜，悲歡的落差很大。因夢寄意，因景生情，疑眞疑幻，搖曳空靈，自然也給作者很多的表現機會了。

在吳文英的節日詞中，他註明創作時間的只有十多闋，其他都很難考證。按時空分類，大抵早年多寫德清的清明詞，蘇州的新年詞、元夕詞、重九詞。一二四三、一二四四年間，吳文英遭遇家變，精神大受打擊，所以在重午詞、七夕詞、中秋詞中都寄託了強烈的懷人情緒。一二四六年，他住在杭州，所寫歲旦詞、重九詞、冬至詞等都以傷心爲主調。晚年以西湖的清明詞及越州的冬至詞最爲感人，作者很多回憶中的畫面都富於象徵意義，增添感性的色彩。

節日每年來臨一次，周而復始，隨著大地循環，最有規律。吳文英每組節日詞都是不同年代的作品，但每組節日詞似乎又有著重複的地方，例如重午、七夕、中秋、重九幾組，放在一起讀自然都會覺得有些相似。這可能是節日的傳說和習俗雖然各有特色，但能運用的典故有限；加以情節的安排、象徵的運用，在一定的篇幅中表現出來，難免會有雷同之處了。例如結尾的黃昏月出往往就是吳文英詞中最慣用的表現手法，惋惜良辰美景一天將盡，也是生生不息的期望。吳文英的生活圈子十分狹窄，他的詞寫不出時代的氣派，也沒有反映社會現象，當然這絕不是詞人的罪過。但宋朝亡國在即，末日氣氛空前瀰漫，他躲在愛情的假象背後，花月添愁。無意中把生活和藝術融入江南古老的傳說當中，創建出一個獨特的時空架構，他的詞也就形成了新的傳統。詞境哀怨，煙水迷離。在最無能爲力的年代裏，傳達出豐富複雜的美學訊息。夢窗詞能在清末民初的詞壇中綻放異采，領袖一代，除了語豔情濃、結構嚴密、騰天潛淵、技巧多變之外，其實最突出的還是他感人的藝術魅力了。我們在夢窗的節日詞中最容易捉摸的就是他的感覺世界，體會南宋末年的風俗情懷。

吳文英的情詞最爲觸目，感情的題材在吳詞中十分突出，這在節日詞中也可以清楚的表現出來。夏承燾《吳夢窗繫年》曾經歸納出若干規律云：「夢窗似不止一妾，其另一人殆娶於杭州。……集中懷人諸作，其時夏秋，其地蘇州者，殆皆懷蘇州遺妾；其時春，其地杭者，則悼杭州亡妾。」⑲楊鐵夫《吳夢窗事蹟考》進一步分析說：「至夢窗一生艷跡，一去姬，一故妾，一楚伎。」⑳佳節懷人，各有所思，千篇如一，這自然不符合創作的藝術要求了。生命複雜多變，思想感情自然也流動搖曳了。夏氏所說夏秋思遣妾，清明悼杭妾，則吳文英的感情生活漂泊無根，而文藝創作也未免淪於機械和失之簡單了。在節日詞中，吳文英反映家變，渴望團聚。有時在節日詞中加插綺旎溫馨的場景，回憶浪漫年輕的日子，其實都只有藝術上的象徵意義。詞人的心靈寄託，我們不能刻意求實。創作必然介於虛實之間，虛則實之，實則虛之，人所共知。劉永濟《微睇室說詞》云：「皆於清明寒食之時，作傷春悼舊之語，合觀之，似即西湖清明所遇之人。如認爲夢窗與杭妓初遇之時，尙以爲是小家碧玉，不知其爲娼家女，故有『幽期難準』之句，亦非不可通。惟此女似未成娶便歿者，觀《鶯啼序》用錦兒事，《永遇樂．過李氏晚妝閣》用裴敬中、崔徽事可證。夏君謂爲『亡妾』，尙待考。夏君又引周岸登說，謂『夢窗少年又曾戀一杭女而死於水』，則失之遠矣。唐、宋文人常有納妾之事，或成或否，皆形之吟詠，自是當時陋習，夢窗亦未能免。但觀其用情尙眞，與玩弄女性之豪門富室不可同日而語。」㉑氏言之鑿鑿，所論迂腐可怪，失之坐實，缺乏空靈的藝術氣氛。如果只憑幾闋小詞用情尙眞，即可肆意玩弄女性；甚至還推論夢窗詞中那位女子是小家碧玉，不是娼家女。這只能說是考據家一廂情願的想像，實在亦不必爲夢窗砌辭了。作品虛實之機，只能意會。節日寄情，只是一時寫意之作，或固作誇張感人之語而已。文學只宜欣賞，不能溺於考證，否則煮鶴焚琴，天地失色。

【註釋】

① 本文所引吳文英詞據楊鐵夫《夢窗詞全集箋釋》，無錫：民生印書館抱香室本，一九三六年；香港：龍門書店影本，一九七三年。個別異文用朱祖謀《夢窗詞集》四校定本及《全宋詞》訂正，不另出注。

② 《文英新詞稿》頁三，見《夢窗四稿》，張壽鏞《四明叢書》約園刊本，一九三二年。

③ 據丁如明輯校《開元天寶遺事十種》，上海：上海古籍出版社，一九八五年，頁九七。

④ 夏承燾《夢窗詞集後箋》釋《絳都春．燕亡久矣，京口適見似人》云：「周岸登謂：『燕是妾名』。今案《探芳信》序云：『時方庵至嘉興，索舊燕同載。』知用燕姞事，非眞名也。」見《唐宋詞論叢》，香港：中華書局，一九七三年。

⑤ 北周宗懍《荊楚歲時記》，譚麟譯注，武漢：湖北人民出版社，一九八五年，頁九二。

⑥ 宋葛立方《韻語陽秋》，上海：上海古籍出版社影印上海圖書館藏宋刻本，一九八四年，卷十九，頁二四九。

⑦ 陳洵《海綃說詞》，載《詞話叢編》，北京：中華書局，一九八六年，頁四八四五。

⑧ 同上注。

⑨ 《開元天寶遺事十種》，頁八八。

⑩ 《人間詞話》，香港：商務印書館，一九六一年，頁二一五。

⑪ 《開元天寶遺事十種》，頁八六及九八。

⑫ 《彊村叢書》，上海：上海書店，一九八九年，頁一〇七二。

⑬ 同上注。

⑭ 《吳夢窗繫年》，《唐宋詞人年譜》，上海：上海古籍出版社，一九七九年，頁四六六。

⑮ 《匯校夢窗詞札記》，《文學遺產增刊》第十四輯，一九八二年，頁三四〇。

⑯ 宋孟元老《東京夢華錄》，鄧之誠注，北京：中華書局，一九八二年，頁二三四。

⑰ 宋吳自牧《夢粱錄》，杭州：浙江人民出版社，一九八〇年，頁四八。

⑱ 清仇兆鰲《杜詩詳注》，北京：中華書局，一九七九年，頁一八二三。

⑲ 《吳夢窗繫年》，頁四六九。

⑳ 《夢窗詞全集箋釋》，頁三七五。

㉑ 劉永濟《微睇室說詞》，上海：上海古籍出版社，一九八七年，頁六三。

（原載《中國文化研究所學報》新第四期，頁一〇一—一一九，香港，一九九五年。）

周濟詞論研究

引　言

清代詞學特盛，名家輩出。大抵詞原屬隋唐的流行歌曲，兩宋以後發展成爲一種聲情流麗的抒情文體，別是一家，與詩畫境。清代漢滿異心，文網嚴酷，高壓懷柔，迭相爲虐。清詞以兒女溫柔，曲盡幽心；無論北風雨雪，故國黍離，離懷別思，感士不遇，一一都可以託之於詞，迷離惝怳，緣情綺靡，保留了一代的心靈紀錄；興象風神，搖曳多姿，江山麗景，萬象森羅，自然也展現了史的魅力。清代詞論也是一代的顯學，流派繁衍，理論多姿。雲間陽羨、浙西常州，因時制宜，各有主張，其實聲氣潛通，也不是相互排斥的。論者求同存異，取長補短，繁花似錦，光耀奪目，實非一家一派所能範圍。無論塡詞或論詞，鄉誼師友的影響固然重要，但傳統詞學的審美理念、文化傳承也佔一定的主導因素，加以個人的氣質學養，風雲變幻，也就塑造出種種不同的面貌了。文學必然是一種創作，從無到有，面目一新；如果陳陳相因，徒然因襲模仿，也就沒有甚麼意思了。

周濟詞論不但是常州派的中堅，同時也是清代詞學中精光四射的傑作。周氏尊崇詞體，指示入門途徑，建立批評原則，提高美學修養，都卓有所見。晚清時局動蕩，憂患頻仍，美人香草，吟詠性情，寄意君國，激動人心，而影響下及民國詞壇。周濟詞論主要見於《介存齋論詞雜著》及《宋四家詞選目錄序論》二種，可以區分爲尊體論、寄託論、創作論、批評論、源流論五項。周氏立說雖導源於鄉先輩張惠言，而藝術構思每見異趣；又周氏所論雖重貶浙西陽羨兩派的末流惡習，而精到之見並無二致。周濟或承先，或啓後，深悟中國文學的神髓，揭示獨特的美感經驗。即今日青年想學詞讀詞，周氏的途轍也還是値得借鑑的。周濟論詞的材料精而不多，清末學者採擷所說，即成高調。此外《詞辨》、《宋四家詞選》二書雖屬選集，似不著理論，惟去取之間，亦足旁參消息。前者附有譚獻的評語，後者載錄周氏的眉批，輔以《雜著》《序論》，架構秩然，自成體系。周氏的眉批尤多論創作及批評方面的意見，抉發淵微，開示後學。

周濟（一七八一—一八三九）生於乾隆四十六年，卒於鴉片戰爭的前夕。當時淸朝由盛轉衰，社會矛盾空前激化，內憂外患，接踵而來，周濟出身世農之家，家境富裕，性格爽直，鋒芒外露；加以精力充沛，深沈有智略，習文學武，精於北碑繪畫，兼通天文、地理、兵略、騎射等，慨然有用世之志。周濟嘉慶九年（一八〇四）中舉，十年中進士，出爲淮安府學教授。未幾去職，浮沈湖海，曾經治理鹽務，出任田鈞的家庭教師，追剿鹽匪，貨殖任俠，一生行事都充滿了傳奇色彩。魏源《荊溪周君保緒傳》云：「淮南諸商爭延重君，遂措貲數萬金托君辦鹺淮北。君則以其貲購妖姬，養豪客劍士，過酒樓酣歌恆舞，裙屐雜沓。間塡小樂府，倚聲度曲，悲歌慷慨。醉持丈八矛，揮霍如飛，滿堂風雨。

醒則磨墨數斗，狂草淋漓，或放筆爲數丈山水，雲垂海立。見者毛髮豎，人皆莫測君何許人。」①這是傳統富商名士的典型，長袖善舞，玩世不恭，行俠仗義，恢闊難就。道光八年（一八二八），年四十七，一日頓悟，盡散餘財賓客，離開揚州，遷居南京春水園，自號止庵（魏源作「止安」，疑涉音誤）。閉門謝客，潛心著述，先後撰成《說文字系》、《韻原》、《淮鹺問答》、《晉略》等書。道光十五年（一八三五）復任淮安府學教授，十八年隨兩湖總督周天爵赴任，卒於武昌。

周濟的治詞歷程

周濟十六歲（一七九六）學詞，廿四歲（一八〇四）結交張琦、李兆洛、包世臣、董士錫、魏襄等，其後又識沈欽韓、吳德旋、陸繼輅等，詩詞中每多往來酬贈之作。其時張惠言（一七六一——一八〇二）已卒二年，周濟多與董士錫（一七八二——一八三一）論詞，凡三年，迭經三變，相互影響，也就逐漸建立起周濟的詞論體系了。《詞辨序》云：

> 予遂受法晉卿，已而造詣日以異，論說亦互相短長。晉卿初好玉田，余曰：「玉田意盡於言，不足好。」余不喜清眞，而晉卿推其沈著拗怒，比之少陵。牴牾者一年，晉卿益厭玉田，而余遂篤好清眞。既予以少游多庸格，爲淺鈍者所易託。白石疏放，醞釀不深。而晉卿深詆竹山粗鄙。牴牾又一年，予始薄竹山，然終不能好少游也。②

這段話可以概括周、董的學詞歷程，切蹉學問，進退古人，抉微指瑕，互有進益。在這三年中，董士錫沒有接納周濟的意見，對於玉田、白石、少游都堅持所見。周濟則聽董士錫說，由不喜清眞而篤好清眞，甚至始薄竹山。周濟始終不好少游，彼此各是其是，互不勉強。董士錫雖沒有論詞的著述傳世，惟影響於周濟則大，後來周濟「問途碧山」可能也是董士錫的見解。沈曾植《菌閣瑣談》云：

古懷納諸今慢，標碧山爲詞家四宗之一。此宗超詣，晉卿爲無上上乘矣。玉田所謂清空騷雅者，亦至晉卿而後盡其能事。其與白石不同者，白石有名句可標，晉卿無名句可標。其孤峭在此，不便摹擬亦在此。③

綜上所論，周濟從董士錫處接受清眞、碧山二家，但不好少游、白石二家；而排斥玉田、竹山則一。嘉慶十七年（一八一二），周濟三十二歲，主講婁東書院，編成《詞辨》十卷。《序》稱：「其後晉卿遠在中州，余客授吳淞。弟子田生端學爲詞，因欲次弟古人之作，辨其是非，與二張董氏各存崖略，庶幾他日有所觀省。」周、董異同自是事實，序中只是反映了他客觀的治學態度。後來田端攜其書乘糧船北行，阨於黃流，《詞辨》十卷本也就失傳了。周濟一方面參考張惠言、張琦的《詞選》，一方面又補充選錄若干作品。例如《詞辨》所輯唐五代詞亦以溫、韋、馮、李四家爲多，比重相近；至於宋詞方面，《詞選》以秦觀十首、辛棄疾六首最多；而《詞辨》二卷本則以周、辛、吳、王四家爲多，《宋四家詞選》的基本架構也已經形成了。周濟憶述《詞辨》的編次如下：

一卷起飛卿爲正。二卷起南唐後主爲變。名篇之稍有疵累者爲三四卷。平妥清通，才及格調者爲五六卷。大體紕繆，精彩間出爲七八卷。本事詞話爲九卷。庸選惡札，迷誤後生，大聲疾呼，以昭炯戒爲十卷。

周濟認爲正、變二卷都是詞中的佳作，其他各卷則分屬名篇、平妥、紕繆、庸惡四類，可供後學參考，用心良苦。後來補輯的《詞辨》只得正、變二卷，除了唐五代詞以外，其他絕大部分的宋詞幾乎都已選入《宋四家詞選》中去了。現在《詞辨》只能顯示周濟個人的治詞經歷，實際上選本的價值不大。

道光三年（一八二三），周濟撰《味雋齋詞序》，一再提及他跟董士錫的議論得失，可能也是有感而發。周濟云：

> 詞之爲技，小矣。然考之於昔，南北分宗；徵之於今，江浙別派。吾郡自皐文（張惠言）、子居（惲敬）兩先生開闢榛莽，以國風騷雅之恉趣，鑄溫韋周辛之面目。一時作者競出，晉卿集其成。余與晉卿議論，或合或否，要其指歸，各有正鵠，倘亦知人論世者所取資也。既刻詩，乃并平時所爲詞刻之。兩先生往矣，聊以質之晉卿。④

序中刻意強調宋詞南北分宗及清代江浙別派的事實，表面似乎在襯托周、董論詞各有正鵠，其實則是強調個人的觀點。道光十年（一八三〇），董毅《續詞選》編成，輯錄秦觀八首、周邦彥七首、姜夔七首，張炎則猛增至二十三首，數量遠出諸家之上，似以四家爲宗，而北宋、南宋各立二宗。董毅乃董士錫子，張琦外孫，張琦《續詞選序》認爲所選「適愜我心，爰序而刊之，亦先兄之志也」⑤，看來也很同意董毅的安排了。董士錫的態度雖不得而知，但家學源流，可能也有若干影響，終與周濟分途。道光十二年（一八三二），周濟《宋四家詞選》編成，確立周邦彥、辛棄疾、吳文英、王沂孫四宗，而且還有一篇《序論》申明進退古人的標準，進辛退蘇，糾彈姜、張，侃侃而談，信心十足，而周濟的詞論也日趨成熟了。這能說沒有針對張（琦）、董（毅）的意味嗎？《序論》云：

> 文人卑詞爲小道，未有以全力注之者。其實專精一二年，便可卓然成家。若厭難取易，雖畢生馳逐，費煙楮耳！余少嗜此，中更三變，年逾五十，始識康莊。自悼冥行之艱，遂慮問津之誤；不揣輓陋，爲察察言。退蘇進辛，糾彈姜張，剟刺陳、史，芟夷盧、高，皆足駭世。由中之誠，豈不或亮？其或不亮，然余誠矣。⑥

總之，周濟宋詞四家之論有一個形成的過程。周、王二宗乃董士錫所倡，辛、吳二宗則爲周氏的主張。對於辛棄疾，張惠言本來也很重視，可以根治浙派清空之弊；但董毅再次拔高姜、張，似乎又有妥協的意味。周濟以南宋辛、吳、王三家取代姜、張，振起詞風，旗幟鮮明。此外周濟始終都不肯接受秦觀，跟二張、二董的審美觀念背道而馳。相信這跟他的個性爽朗、行事果斷有關，所以連治詞經歷也帶有濃厚的傳奇色彩，揭響入雲，超邁流俗。

周濟的詞學理論

周濟生活於清代中葉，對於清代的詞學，專研涵詠，體會殊深。其所撰《宋四家詞選目錄序論》一文固然是他畢生學詞的體會，同時也可以說是清代詞學的總結，所論出入雲間、陽羨、浙西及常州張、董之間，高屋建瓴，擇善固執，以最動人的形象及激越的感情闡發詞學的金荃玉屑。這不單是一篇重要的詞論文獻，同時也是一篇朗朗成誦的美文，感人既深，影響亦遠。晚清詞學名家如譚獻、劉熙載、陳廷焯、朱孝臧、況周頤等無不導源於周濟，發揚蹈厲，推波助瀾，述作兼擅，共同譜寫出清詞光榮的結局。常州主帥，在周而不在張也。張惠言非詞學專家，《詞選》只是偶然興到之作，非深思熟慮所得。張惠言的成就主要是為清代中葉的詞壇指出一個大方向，但細節的安排則迂闊難行，貽笑大方。周濟精研詞史、詞選、詞論及詞作，專作全方位的考察，環環相扣，剔透玲瓏，今擬就其詞學分五論述之。

尊體論。學詞首重尊體，例如蘇軾指出向上一路，李清照別是一家之說，目的都是建設詞體，豐富作品的表現能力。唐宋詞由普通的流行歌詞上升為一種普遍受人喜愛而又具有獨特風格的文體，樂迷的支持固然重要，但唐宋文人自覺的努力更形重要。否則哪個時代沒有歌詞，但不見得每個時代的歌詞都具有文學永恆的生命力。通俗的作品固然受人歡迎，但樂迷的口味不斷在變，作品不斷創新，要在歷史時空中爭一席位，當然得要費些心思了。唐宋詞早已沒有樂迷支持了，但他還有大量的讀者。讀者是文人，不是樂迷，清人尊崇詞體，上附風騷，歸於醇雅，該是最自然的反應，其實我們今天還不是以同樣的態度讀詞學詞嗎？常州尊體之說，發軔於張惠言，主要是針對當時詞壇三弊——淫詞、鄙詞、游詞⑦，而重新提出一個「深美閎約」的標準。不過張惠言並非專注於詞者，他只是有感於世道文風的澆離，借詩教比興之說重新包裝《詞選》，疏於考證，強行附會，雖欲改造人心，而成就不大。《

詞選序》云：「意內而言外謂之詞。其緣情造端，興于微言，以相感動。極命風謠里巷男女哀樂，以道賢人君子幽約怨悱不能自言之情，低徊要眇以喻其致。」⑧這些理論絕無新意，例如清初鄒祗謨、王士禎合編《倚聲初集》評陳子龍詞云：「詞至雲間《幽蘭》、《湘眞》諸集，言內意外，已無遺意。所謂華亭腸斷，宋玉魂銷，稱諸妙合，謂欲專詣。」蔣景祁《荊溪詞初集序》云：「古之作者，大抵皆憂傷怨悱不得志於時，則托爲倚聲頓節，寫其無聊不平之意。今生際盛代，讀書好古之儒，方當銳意向榮，出其懷抱，作爲雅頌，以黼黻治平。」⑨讀書人都有這種感覺，張惠言所說顯然就十分普通了。

至於周濟則有些新意，《詞辨序》云：

> 後世之樂去詩遠矣，詞最近之。是故入人爲深，感心爲遠。往往流連反復，有平矜釋躁、懲忿窒慾、敦薄寬鄙之功。南唐後主以下，雖駿快馳鶩，豪宕感激，稍稍漓矣。然猶皆委曲以致其情，未有亢厲剽悍之習，抑亦正聲之次也。若乃世俗傳習，而或辭不逮意，意不尊體，與夫淺陋淫褻之篇，亦遞取而論斷之。庶以厚愛古人，而袪學者之惑。

周濟專注於詞，用力亦深，他認爲詞可以委曲盡情，潛移默化；克制情欲，開導人心；自有積極的教育意義及社會功效。尊體要落實詞的功能，表現具體而微的現實意義，而周濟自然也深化張惠言的尊體論了。《宋四家詞選》眉批云：「碧山故國之思甚深，托意高，故能自尊其體。」（王沂孫《南浦》「柳下碧粼粼」）又《序論》云：「雅俗有辨，生死有辨，眞僞有辨，眞僞尤難辨。稼軒豪邁是眞，竹山便僞；碧山恬退是眞，姜張皆僞。味在酸鹹之外，未易爲淺嘗人道也。」可見尊體與情意眞僞有關，周濟推崇稼軒和碧山，因爲他們都能把握時代的脈博，寫出一代的正聲。此外詞就是詞，詞與樂關係較近，而不是詩的附庸。周濟努力揭示詞的特質，詞的功能；圓融具足，尊體才有意義。

寄託論。寄託探討美學原理。詠物固爭託意，山川亦表性靈；美人香草，洛水桃源，假如只是執著於一堆浮淺的形象，不知道文學還有甚麼意義？浙派其實也很關心寄託，不見得是常州的專利。例如郭麐《梅邊笛譜序》云：「性靈不存，寄託無有。」（《靈芬館雜著續編》卷二）曹禾《珂雪詞詞話》云：「大抵比物流連，寄託居多。《國風》《離騷》，同扶名教。即宋玉賦《美人》，亦猶主文譎諫之義。良以端言之不得，故長言詠歎，隨所指以託興焉。」李符《江湖載酒集序》：「從來託旨遙深，非假閨閣裙裾，不足以寫我情。《高唐》《洛神》，婉而多風，亦何傷于文人之筆，而況于詞乎？」王昶《姚茝汀詞雅序》：「後惟姜、張諸人以高賢志士，放跡江湖，其旨遠，其詞文。託物比興，因時傷事，即酒食游戲，無不有周道黍離之感。」[10]儘管大家所說寄託的內涵不一，或性靈，或名教，或閨閣，或黍離，甚至北風雨雪，感士不遇等，一一都是有爲而發。而寄託也可以說是作品的靈魂，使作品更具深度了。不過周濟的寄託論與他們不同，周濟並不在乎寄託的內涵，而是將性情、學問、襟抱、境地結合起來，把寄託論提升爲一個自足的美學境界，一個鮮明的文學觀念。周濟很重視作家的美學修養，以及思維折射；人我兩忘，感物斯應，而文學與生活也就融爲一體了。《序論》云：

夫詞非寄託不入，專寄託不出。一物一事，引而伸之，觸類多通，驅心若游絲之繯飛英，含毫如郢斤之斲蠅翼，以無厚入有間。既習已，意感偶生，假類畢達，閱載千百，謦欬弗違，斯入矣。賦情獨深，逐境必寤，醞釀日久，冥發妄中。雖鋪敘平淡，摹繢淺近，而萬感橫集，五中無主。讀其篇者，臨淵窺魚，意爲魴鯉，中宵驚電，罔識東西，赤子隨母笑啼，鄉人緣劇喜怒，可謂能出矣。問途碧山，歷夢窗、稼軒以還清眞之渾化，余所望於世之爲詞人者蓋如此。

又《雜著》云：

初學詞求空，空則靈氣往來。既成格調求實，實則精力瀰滿。初學詞求有寄託，有寄託則表裏相宣，斐然成章。既成格調求無寄託，無寄託則指事類情，仁者見仁，知者見知。北宋詞、下者在南宋下，以其不能空，且不知寄託也；高者在南宋上，以其能實，且能無寄託也。南宋則下不犯北宋拙率之病，高不到北宋渾涵之詣。⑪

周濟所論只是一個高懸的鵠的，一個奮鬥的目標，可以說是詞學上可望而不可即的境界。不過，藝術的樂趣往往即在這追求的過程當中，而藝術的彼岸也絕不是一番空寂枯槁的景象。優秀的作家出入自如，空實皆宜，意境涵渾，自然揮灑。學詞一定要專注和投入，不同時空自有不同的審美表現，言外有意，象外有境，周濟的寄託論認眞爲我們指出藝術的創造性和無限性。周濟以後，陳廷焯主張以溫厚爲體，沈鬱爲用；況周頤張大詞境，醞釀詞心；皆先後推衍寄託論的神髓，吐納英華，風清骨峻，大筆淋漓，歎爲觀止，而詞體婉曲精微之境也闡發無遺了。陳廷焯云：

所謂沈鬱者，意在筆先，神餘言外。寫怨夫思婦之懷，寫孽子孤臣之感。凡交情之冷淡，身世之飄零，皆可於一草一木發之。而發之又必若隱若見，欲露不露，反復纏綿，終不許一語道破。匪獨體格之高，亦見性情之厚。⑫

況周頤云：

人靜簾垂，鐙昏香直。窗外芙蓉殘葉颯颯作秋聲，與砌蟲相和答。據梧冥坐，湛懷息機。每一念起，輒設理想排遣之。乃至萬緣俱寂，吾心忽瑩然開朗如滿月，肌骨清涼，不知斯世何世也。斯時若有無端哀怨棖觸於萬不得已，即而察之，一切境象全失，唯有小窗虛幌，筆床硯匣，一一在吾目前。此詞境也。三十年前，或月一至焉，今不可復得矣。

吾聽風雨，吾覽江山，常覺風雨江山外有萬不得已者在。此萬不得已者，即詞心也。而能以吾言寫吾心，即吾詞也。此萬不得已者，由吾心醞釀而出，即吾詞之眞也，非可彊爲，亦無庸彊求，視吾心之醞釀何如耳。吾心爲主，而書卷其輔也。書卷多，吾言尤易出耳。

詞貴有寄託。所貴者流露於不自知，觸發於弗克自已。身世之感，通於性靈，即性靈，即寄託，非二物相比附也。橫亙一寄託於搦管之先，此物此志，千首一律，則是門面語耳，略無變化之陳言耳。於無變化中求變化，而其所謂寄託，乃益非眞。昔賢論靈均書辭，或流於跌宕怪神，怨懟激發，而不可以爲訓。必非求變化者之變化矣。夫詞如唐之《金荃》，宋之《珠玉》，何嘗有寄託，何嘗不卓絕千古，何庸爲是非眞之寄託耶？⑬

周濟的寄託論大抵不是討論具體的創作和批評問題，而是探討美學原理。文學作品主要有兩類風格：一是直接的說理議論，寫景敘事，抒情詠物等，建設清楚明白、通俗易懂的抒情世界；一是婉約其辭，曲盡淵微，境生於象，得意忘言，表達悠然神往的藝術意蘊。作者固然要明白讀者的感受；但作者也要表現獨特的品味，豐富讀者的審美經驗。不過有時由於時代的桎梏，全身遠禍；有時是作者刻意求深，侈言比興，那就不一定能照顧大多數普羅讀者的需要了。詞要尊體，才可以昂然進入古典醇雅的文學廟堂，不能再跟時下的流行歌曲爭取一般的讀者。寄託論可以美化詞學的園地，深化詞學的意境，周濟所論已經是高山流水，陽春白雪；陳、況二氏補充周說，更是優入聖域，羽化登仙了。他們共同爲詞學指出一條不甘媚俗的路，雖然難免存在著某些缺點，也不一定符合每一個文人的審美要求，但這畢竟是周濟詞論的創獲和貢獻。

創作論。創作主要是處理內容和技巧的關係。浙派標舉姜、張，倡言醇雅，固然是導揚創作。張惠言《詞選》假比興之義，塞其下流；金應珪《詞選後序》懲治世俗之淫詞、鄙詞及游詞三弊，也具有指導創作的意義。對於具體的創作規律，周濟意見甚多，《雜著》云：

> 學詞先以用心爲主，遇一事，見一物，即能沈思獨往，冥然終日，出手自然不平。次則講片段，次則講離合，成片段而無離合，一覽索然矣。次則講色澤音節。

周濟以用心、片段、離合、色澤音節四項論創作，大抵用心即立意構思，片段指意象結構，離合是說順敘、逆敘、反寫、正寫的修辭技巧，而色澤音節則是詞體華美流動的本色。清初陳子龍認爲詞體有命意、鑄調、設色、命篇四難⑭，周濟所論，若合符節；其創作論雖未必受陳子龍影響，但詞體的精神所寄，這四項標準儼然也就是我們討論創作的依據了。其中思、筆尤爲重要。《序論》云：

詞以思、筆爲入門階陛。碧山思筆，可謂雙絕。幽折處大勝白石，惟圭角太分明，反復讀之，有水清無魚之恨。

筆以行意也，不行須換筆；換筆不行，便須換意。玉田惟換筆，不換意。

詠物最爭托意隸事處，以意貫串，渾化無痕，碧山擅場也。

皋文不取夢窗，是爲碧山門逕所限耳。夢窗立意高，取徑遠，皆非餘子所及。惟過嗜餖飣，以此被議。若其虛實並到之作，雖清眞不過也。

詞筆不外順逆反正，尤妙在複在脫。複處無垂不縮，故脫處如望海上，三山妙發。溫韋晏周歐柳，推演盡致；南渡諸公，罕復從事矣。

清眞渾厚，正於鉤勒處見。他人一鉤勒便刻削，清眞愈鉤勒，愈渾厚。

周濟推崇王沂孫、吳文英二家，先考慮命意（思、意），次則命篇（筆）。張炎換筆不換意，只是雕琢形式，缺乏深意，絕非大家氣度。在創作的過程中，意念和結構須一體照應，互補互動；詞中的意象亦須層出不窮，意趣横生，複指加強渲染，脫是若即若離。所以作品要換筆換意，相輔而行，托意隸事，虛實並到，而歸結於鉤勒渾厚之境。鉤勒是修辭工夫，所以周濟也用了很多篇幅討論詞中韻類的聲響，陰陽相間之理，嚴辨上、入，注意雙聲疊韻、重字、領句單字、換頭煞尾等，鑄調設色，精研音律，使作品色澤鮮妍，音韻流麗。有關創作方法，周濟在《宋四家詞選》的眉批中闡發亦多，甚至借周邦彥作品申論創作之道，例如《瑞龍吟》云：

章臺路，還見褪粉梅梢，試花桃樹。愔愔坊陌人家，定巢燕子，歸來舊處。黯凝佇，因記個人癡小，乍窺門戶。侵晨淺約宮黃，障風映袖，盈盈笑語。前度劉郎重到，訪鄰尋里，同時歌舞。惟有舊家秋娘，聲價如故。吟箋賦筆，猶記燕臺句。知誰伴，名園露飲，東城閒步。事與孤鴻去。探春盡是，傷離意緒。官柳低金縷。歸騎晚，纖纖池塘飛雨。斷腸院落，一簾風絮。

此詞是宋哲宗紹聖四年（一〇九七）周邦彥還京任國子主簿時的作品，作者四十二歲。十年外放，舊地重遊，不禁勾起一段褪色的追憶。詞的主題表面是懷舊，其實則託意於政治：舊黨勢力瓦解，新政恢復有望。整篇作品以聲情流動，結構綿密著稱，是婉約詞的典範之作。詞分三片，前兩片合稱雙拽頭，第一片記地，燕子桃花，是冬去春來的日子。第二片記人，回想當年初遇的服飾情態，風韻動人。第三片眼前重到所見，在一片今昔之感中，作者連用劉禹錫《再遊玄都觀絕句》、李商隱《梓州罷吟寄同舍》、杜牧《杜秋娘詩》、《題安州浮雲寺樓寄湖州張郎中》諸詩神魂離合的歡會暗示政治，而「事與孤鴻去」一句又是上文回憶的總結，周濟說：「只一句化去町畦」，是也。「探春」以下以景結情，揭出作意。黃昏的絲雨蘊釀出一霎淒迷無奈之美。周濟評云：「不過桃花人面，舊曲翻新耳。看其由無情入，結歸無情，層層脫換，筆筆往復處。」也就是每一片都翻出新意，而以「無情」之旨包籠全局；至於意象命筆，往復照應，則顯出結構的嚴密了。此外，周濟亦每借周邦彥詞討論筆、意變換的技巧，例如：

客中送客，一「愁」字代行者設想。以下不辨是情是景，但覺煙靄蒼茫，「望」字「念」字尤幻。（《蘭陵王》「柳陰直」）

若有意，若無意，使人神眩。（《蘇幕遮》「燎沈香」）

十三字千迴百折，千錘百鍊，以下如鵬羽自逝。（指「願春暫留」三句）不說人惜花，卻說花戀人；不從無花惜春，卻從有花惜春；不惜已簪之殘英，偏惜卻去之斷紅。（《六醜》「正單衣試酒」）

體物入微，夾入上下文中，似褒似貶，神味最遠。（《滿庭芳》「風老鶯雛」）

全是追思，卻純用實寫。但讀前闋，幾疑是賦也。換頭再爲加倍跌宕之，他人萬萬無此力量。（《拜新月慢》「夜色催更」）

竭力追逼得換頭一句出，鉤轉思牽情繞，力挽千鈞。此與《瑞鶴》一闋，皆絕新機杼，而結體各別，此輕利，彼沈鬱。（《氐州第一》「波落寒汀」）

只閒閒說起。不扶殘醉，不見紅藥之繫情，東風之作惡，因而追溯昨日送客後，薄暮入城，因所攜之妓倦游，訪伴小憩，復成酣飲。換頭三句，反透出一「醒」字。「驚飆」句倒插東風，然後以「扶殘醉」三字點睛，結構精奇，金鍼度盡。（《瑞鶴仙》「悄郊原帶郭」）

空際出力，夢窗最得其訣。（指第二片換頭）三句一氣趕下，是清眞長技。（指第三片換頭）鉤勒勁健峭舉。（指收處）（《浪淘沙慢》「曉陰重」）

「班草」是散會處，「酹酒」是送人處，二處皆「前地」也。雙起故須雙結。（《夜飛鵲》「河橋送人處」）

此亦是層疊加倍寫法，本只「不戀單衾」一句耳，加上前闋，方覺精力彌滿。（《夜游宮》「葉下斜陽照水」）

解釋詞旨命意，分析章法結構，詳盡細致，且有見地。周濟也很重視章句的趣味神韻，例如周邦彥詞眉批上說的「奇橫」、「結是本色俊語」、「生辣」、「態濃意遠」、「本色佳製」、「出之平實」、「一結拙甚」、「造語奇險」、「淡永」、「意味淡厚」、「白描高手」諸語，輕輕點發，都足供寫作參考。可惜其他辛、吳、王三家所批不多，否則金針度人，解釋創作，當更有發揮餘地。又《詞辨》則有譚獻的眉批，有時亦以周濟的理論解詞，也很值得參考。

批評論。文學批評固然要靠眼光和品味，但最好還是建基於堅實的考證之上，否則蹈空附會，隨意立說，也就沒有甚麼意義了。張惠言並不專研詞學，解詞多託意君國，不大可靠。周濟則過度誇大「史」的作用，《雜著》云：

感慨所寄，不過盛衰。或綢繆未雨，或太息厝薪，或己溺己飢，或獨清獨醒，隨其人之性情學問境地，莫不有由衷之言。見事多，識理透，可爲後人論世之資。詩有史，詞亦有史，庶乎自樹一幟矣。若乃離別懷思，感士不遇，陳陳相因，便思高揖溫、韋，不亦恥乎。

詞是一種抒情的文體，以表現美感爲上，美感雖然出於生活，卻不會純粹反映現實。而文學與現實之間，就算有所反映，也必然保持一段若即若離的關係，或有意，或無意，不能過於執著。周濟「詞史」的概念，後人多認爲有現實意義，反映時代，指導創作，評價極高。但周濟一用來詮釋辛棄疾詞，馬上便顯得左右支絀，不免落入附會的窠臼去了。

北都舊恨。（指上片）南渡新恨。（指下片）（《賀新郎》「綠樹聽啼鴃」）

謫逐正人，以致離亂。（指上片）晏安江沱，不復北望。（指下片）（《賀新郎》「鳳尾龍香撥」）

所指甚多，不止秦檜一人而已。（《太常引》「一輪秋影轉金波」）

「春幡」九字，情景已極不堪。燕子猶記年時好夢，黃柑、青韭，極寫宴安酖毒。換頭又提動黨禍，結用「雁」，與燕激射，卻捎帶五國城舊恨。辛詞之怨，未有甚於此者。（《漢宮春》「春已歸來」）

周濟以史實解說辛詞，固然可備一說，拔高辛棄疾的詞史地位。但以上幾首作品的美學特點，例如婉約沈鬱渾成之妙，全被忽略過去。轉移讀者視角，孰得孰失，也就値得三思了。文學批評要重視考證工夫和審美眼光，卻不宜附會史實，纏綿忠愛。周濟詞本身的創作也沒有記史的作品，可見「詞史」之說不一定就是寫實。周濟的「詞史」大概代表一種識見，一副胸襟，文學批評要具有時代感，然而就不是附會。不過，文學批評也不能忽視聯想的作用，《雜著》云：

夢窗每於空際轉身，非具大神力不能。夢窗非無生澀處，總勝空滑。況其佳者，天光雲影，搖蕩綠波，撫玩無斁，追尋已遠。君特意思甚感慨，而寄情閑散，使人不能測其中之所有。

《宋四家詞選》秦觀詞眉批云：

將身世之感打并入艷情，又是一法。（《滿庭芳》「山抹微雲」）

聯想可以詞外求詞，體會言外之意，深化意境，喚起共鳴，自然是讀詞一法。同時聯想也是讀者的專利，現代文學理論中的接受美學就很重視讀者的觀點和感受。讀者審美修養和文化背景不同，對同一作品的詮釋自然也有所差異。其實文學作品誕生以後，詮釋的責任就落在讀者身上，甚至可以進行再創作。常州派的張惠言和周濟都是這樣讀詞的，由於兩人的詞學修養不同，聯想不同，立論自然有異。其後譚獻推衍爲「作者未必然，讀者何必不然」說⑮，如果沒有嚴格的條件限制，附會與聯想兼而有之，未必能夠準確詮釋作品，見仁見智，功過參半了。例如王國維不同意張惠言「深文羅織」的解詞方式，但他從晏殊、柳永、辛棄疾三人的詞中所體會到的古今成大事業、大學問的三種境界⑯，憂生念亂，深受讀者喜愛，感發生命的哲思，表現人生無奈而又難以排遣的愁悶。其實這又何嘗不是附會或聯想呢？上文用濟評吳文英及秦觀都很中肯，頗能把握兩家作品的美學特點；而有關辛棄疾的評論則略嫌膚淺了，還需補充強力的證據，以及美學分析，始具說服力。

源流論。周濟評騭唐宋詞家，辨析源流正、變，指示學詞門徑，頗見驚人之論。早年周濟跟董士錫商量詞學，迭經三變，不但反對浙派，最後亦跟張惠言、董士錫的論詞異趣。周濟先是在《詞辨》中建立正、變之說，「一卷起飛卿爲正，二卷起南唐後主爲變」，卷一包括溫庭筠、韋莊、歐陽炯、馮延巳、晏殊、歐陽修、晏幾道、柳永、秦觀、周邦彥、陳克、史達祖、吳文英、周密、王沂孫、張炎、唐玨、李清照等家；卷二包括李煜、孟昶、鹿虔扆、范仲淹、蘇軾、李玉、王安國、辛棄疾、姜夔、陸游、劉過、蔣捷、張翥、康與之等家。所謂正、變殆即宋詞婉約、豪放之分，二者均屬佳作，非有高下區別，也不存在任何價値判斷。窮而後變，變是詞體發展的必然動力。張惠言《詞選序》云：「蓋詩之比興，變風之義，騷人之歌，則近之矣。」譚獻《詞辨跋》云：「大抵周氏所謂變，亦予所謂正也，而折衷柔厚則同。」可見「變」是沒有貶義的。周濟《詞辨》是在張惠言《詞選》的基礎上選出來的，兩書同者亦多。其後董毅《續詞選》猛增秦觀、姜夔、張炎的作品，似欲恢復浙派舊觀，因此周濟晚年另編《宋四家詞選》申明他的論詞主張，力挽狂瀾，義正辭嚴。《序論》云：

> 清眞集大成者也。稼軒斂雄心，抗高調，變溫婉，成悲涼。碧山饜心切理，言近指遠，聲容調度，一一可循。夢窗奇思壯采，騰天潛淵，返南宋之清泚，爲北宋之濃摯。是爲四家，領袖一代。餘子犖犖，以方附庸。……問途碧山，歷夢窗、稼軒以還清眞之渾化。余所望於世之爲詞人者蓋如此。
>
> 退蘇進辛，糾彈姜、張，剟刺陳、史，芟夷盧、高，皆足駭世。

周濟所立宋詞四家乃由正、變之說推衍而來。周、吳、王三家屬正，辛屬變。周濟以四家爲宗，創立鮮明的學詞途徑。周濟固然指出四家的長處，同時也不諱言四家的局限。例如碧山思筆雙絕，胸次恬淡；但圭角分明，水清無魚；大概是生辣不足，未堪咀嚼。夢窗意象紛繁，富於想像力；惟生澀閑散，過嗜餖飣；有些作品還比較費解。稼軒鬱勃情深，沈著痛快，有轍可循，易於仿效；惟馳驟疏宕，寬乃容蕆；亦可見辛詞蕪雜。清眞鉤勒渾厚，該是詞家高境；然而亦終不能以清眞爲限，還可以高揖溫、韋。《雜著》論溫庭筠云：「飛卿醞釀最深，故其言不怒不懾，備剛柔之氣。鍼鏤之密，南宋人始露痕跡。花間極有渾厚氣象，如飛卿則神理超越，不復可以跡象求矣。然細繹之，正字字有脈絡。」當然，溫、韋也不是止境，誠如周濟所云：「近人頗知北宋之妙，然終不免有姜、張二字橫亙胸中。豈知姜、張在南宋，亦非巨擘乎。」可見周、辛、吳、王以至溫、韋都是得失互見的，不能偏執。周濟所要指出的只是一個學詞的歷程，取長補短，而不是停滯於歷程當中。周濟又說：「雷雨鬱蒸，是生芝菌，荊榛蔽芾，亦產蕙蘭。」文學有一定的時代性，任何環境都可以培養優秀的作家，學古只是過程，不是終極的目標。宋四家詞自成體系，羽翼相扶，互爲補足。至於學者將來的成就高低，則端視乎個人的才情和襟抱了。

周濟四家之論，蹊徑獨異，後人或同意，或不同意。例如陳洵云：「張氏輯《詞選》，周氏撰《詞辨》，於是兩家並立，皆宗美成。而皋文不取夢窗，周氏謂其爲碧山門徑所限。周氏知不由夢窗不足以窺美成，而必曰問途碧山者，以其蹊徑顯然，較夢窗爲易入耳。非若皋文欲由碧山直造美成也。吾年三十，始學爲詞。讀周氏四家詞選，即欲從事於美成。乃求之於美成，而美成不可見也。求之於稼軒，而美成不可見也。求之於碧山，而美成不可見也。於是專求之於夢窗，然後得之。因知學詞者，由夢窗以窺美成，猶學詩者由義山以窺少陵，皆涂轍之至正者也。」⑰夏敬觀云：「大凡學爲文辭，入手門徑，最爲緊要，先入爲主，既有習染，不易滌除。取法北宋名家，然後能爲姜張；取法姜張，則必不能爲姜張之詞矣。止庵謂問途碧山，歷夢窗、稼軒以還清眞之渾化，乃倒果爲因之說，無是理也。」⑱陳洵依據周濟的途轍學詞，出入四家之中，尤嗜夢窗，雖見局限，亦有功於詞學。夏敬觀所主者乃倒退的文學觀念，忽視個人因素，泥於所學，取法北宋亦不一定會成就乎南宋的。文學創作關乎天分，學養則多多益善了。周濟取法多途，旁參消息，四家僅供參考，而非詞境的勝諦。陳匪石論南宋六家云：

初學爲詞者，先於張、王求雅正之音、意內言外之旨；然後以吳鍊其氣意，以姜拓其胸襟，以辛健其筆力，而旁參之史，藉探清眞之門徑，即可望北宋之堂室，猶是周止庵教人法也。⑲

陳匪石所論即很通達，周濟雖示人以學詞門徑，然學者終不能以門徑爲限。而且周濟於四家之下都附列一批風格相類的作者，例如蘇軾即附於辛詞之下，顚倒源流，很多人可能大惑不解；但假如我們只視作學詞參考，也就不必大驚小怪了。

周濟除了正面指導詞學入門途徑之外，還大聲疾呼的要「退蘇進辛，糾彈姜、張」。其中相信最駭人聽聞的該是「退蘇」了。蘇軾學究天人，周濟何嘗不知。《雜著》說：「東坡每事俱不十分用力，古文書畫皆爾，詞亦爾。」《序論》云：「蘇辛並稱。東坡天趣獨到處，殆成絕詣，而苦不經意，完璧甚少。」周濟論詞以用心爲主，東坡天趣絕詣，自然揮灑，全不在意。後人才大者固不必學，才小者更不能高攀；退蘇是無可選擇，不若進辛還有學問襟抱可供後生借鑑。周濟否定姜、張二家固然是反對浙派及董毅的《續詞選》，但也很清楚指出二家的缺失。白石局促才小，門徑淺狹；玉田不識換意，無開闊手段；雖見藝術手腕，而創意恨少。至於「剟刺陳、史，芟夷盧、高」之論，只是文章映襯筆法。清初浙派並尊姜、史，其後王昶嫌史達祖人品不高，退史進張；陽羨遠紹蔣捷的幽獨情韻，心存社稷。周濟不喜史達祖及蔣捷，列作反面教材，諄諄告誡，可能是影射兩派的末流。《序論》云：「梅溪才思，可匹竹山。竹山粗俗，梅溪纖巧。粗俗之病易見；纖巧之習難除。穎悟子弟，尤易受其熏染。余選梅溪詞，多所割愛，蓋慎之又慎云。梅溪好用偷字，品格便不高。」批評十分嚴苛。陳允平則是「西麓宗少游，徑平思鈍，鄉愿之亂德也。」蓋不善學少游者。周濟又云：「竹屋、蒲江，並有盛名。蒲江窘促，等諸自鄶。竹屋硜硜，亦凡響耳。」周濟只選了高觀國詞一首，盧祖皋一首也不選。不過周濟雖擯斥陳、史、盧、高四位小名家，但卻與退蘇及糾彈姜、張等盛事並列，除非另有原因，否則也未免過於抬舉他們了。

周濟詞論指瑕

周濟論詞自有他的主觀看法，見仁見知，頗難評議。而考證疏誤之處，由於資料所限，亦所難免。例如《詞辨》收馮延巳《蝶戀花》「六曲闌干偎碧樹」、「誰道閒情拋棄久」、「幾日行雲何處去」、「庭院深深深幾許」四首，《詞選》亦錄四首，惟前三首《詞選》置馮延巳名下，後一首置歐陽修名下。其後《宋四家詞選》則將此四詞改隸歐陽修名下，周濟云：「此及下三闋，一作馮延巳詞。按馮詞多與歐公相亂，此實公詞也。」又云：「數詞纏綿忠篤，其文甚明，非歐公不能作。延巳小人，縱欲僞爲君子，以惑其主，豈能有此至性語乎。」這是一宗爭論已久的公案，大抵也沒有甚麼解決方法。姑無論誰是誰非，周濟以人品論詞，甚至以此考訂作者，這就很難令人信服了。當代學者唐圭璋從版本的角度考慮，四首全屬馮詞⑳。王昌猷則從作者的個性特點及詞風差異進行分析，將「誰道」、「幾日」兩首屬馮，「六曲」、「庭院」兩首屬歐㉑。如果沒有新的證據，看來永遠都是懸案。

《宋四家詞選》收無名氏《綠意》「荷葉」一詞。此蓋緣《詞選》之誤。周濟云：「《詞綜》列入無名氏，記見一本作夢窗詞，今忘其何本矣。仍列此不入夢窗後。『但剩』原本作『喜淨』。」其實此詞乃張炎作，見《山中白雲詞》卷六。案張炎詞當隸王沂孫下，而此首則隸吳文英下，難免有些矛盾了。

《宋四家詞選》在吳文英的作品下沒有任何眉批。周濟《序論》曾稱「夢窗奇思壯采，騰天潛淵，返南宋之清泚，爲北宋之濃摯。」又說：「稼軒由北開南，夢窗由南追北，是詞家轉境。」夢窗最難解，本色所在，自應度人金針。周濟隻字不提，不舉實例，更使人莫測高深。此外，周濟選錄夢窗二十二首，而佳作時見遺漏，例如《渡江雲》「西湖清明」、《霜葉飛》「重九」、《宴清都》「連理海棠」、《澡蘭香》「淮安重午」、《三姝媚》「過都城舊居有感」、《八聲甘州》「靈巖陪庾幕諸公游」、《瑞鶴仙》「晴絲牽緒亂」、《賀新郎》「陪履齋先生滄浪看梅」諸詞，都是夢窗詞中的佳作，可惜不見采錄。而他所選的清空之作也不見得就是夢窗的本色。此卷可議之處極多，惟指示門徑，其功亦大了。後來王鵬運、朱祖謀、楊鐵夫、陳洵、劉永濟諸家精研夢窗，應該也是由周濟啓發的。

《序論》云：「東、眞韻寬平，支、先韻細膩，魚、歌韻纏綿，蕭、尤韻感慨；各具聲響，莫草草亂用。」所論似是而非。案詞韻與聲情沒有必然關係，聲情當由詞意決定。周濟此說或受《中原音韻》影響，周德清列舉元曲十七宮調的聲情如下：仙呂調清新綿邈，南呂宮感嘆傷悲，中呂宮高下閃賺，黃鍾宮富貴纏綿，正宮惆悵雄壯，道宮飄逸清幽，大石風流醞藉，小石旖旎嫵媚，高平條物滉漾，般涉拾掇坑塹，歇指急併虛歇，商角悲傷宛轉，雙調健棲激裊，商調悽愴怨慕，角調嗚咽悠揚，宮調典雅沈重，越調陶寫冷笑㉒。聲情是由樂曲的旋律決定的，不能與歌詞混爲一談。一首歌詞只有幾個押韻的字，自然也不能支配整篇作品的聲情了。緣木求魚，其謬顯然。

《序論》云：「紅友極辨上、去，是巳。上、入亦宜辨：入可代去，上不可代去。入之作平者無論矣，其作上者可代平，作去者斷不可以代平。平、去是兩端：上由平而之去，入由去而之平。」此說玄之又玄，解人不易。杜文瀾云：「此數說均極懇摰，惟入可代去一語，則不宜從。」潘鍾瑞注云：「詩韻以一平敵上去入三聲，詞韻以一去敵平上入三聲，此語前人已發之。余按古人之詞，凡於極緊要處，從無用代聲。其以入代平等字，多在不甚緊要處，偶一用之耳。此語似尙未經人道過。」㉓陳匪石云：「夫上去入既各有區別，則非四聲有定而何？惟周、杜二氏，一謂去作上，一謂入代去，尙有可疑。以實例既少，即音理亦待商也。至杜謂上去互用，本於五音，則未明音理矣。」㉔周濟之論未有實例證明，殆同臆說。其實周濟只是借上古音以論詞，段玉裁「古四聲說」云：「古四聲不同今韻，猶古本音不同今韻也。考周秦漢初之文，有平上入而無去；洎乎魏晉，上入聲多轉而爲去聲，平聲多轉爲仄聲，於是乎四聲大備，而與古不侔。有古平而今仄者，有古上入而今去者，細意搜尋，隨在可得其條理。」又云：「古平上爲一類，去入爲一類；上與平一也，去與入一也。上聲備於三百篇，去聲備於魏晉。」㉕周濟之論與段說若合符節，惟詞律唱腔不宜與上古音混爲一談。周濟嘗有《韻原》之作，或援古音以說詞，亦未可知。

【註釋】

① 魏源《荊溪周君保緒傳》。《魏源集》，北京：中華書局，一九七六年三月，頁三六三。周濟生平事蹟參見丁晏《周先生傳》，載《頤志齋文鈔》頁三一，《雪堂叢刻》冊九，宣統乙卯（一九一五）刻。趙愼修《周濟》，載《中國歷代著名文學家評傳》（續編三），濟南：山東教育出版社，一九八九年十二月，頁四四一—四五三。

② 周濟《詞辨》，臺北：廣文書局影本，一九六二年十一月。參見《清人選評詞集三種》，濟南：齊魯書社，一九八八年九月。

③ 沈曾植《菌閣瑣談》。唐圭璋《詞話叢編》，北京：中華書局，一九八六年一月，頁三六〇八。

④ 周濟《味雋齋詞》。《清名家詞》，香港：太平書局，一九六三年，冊七。按周濟的詞集原稱《存審軒詞》，見蔣敦復《芬陀利室詞話》，所引諸詞皆在《味雋齋詞》前半部中，異文亦多。《詞話叢編》頁三六三三—

五。又趙愼修《周濟》云：「《存審軒詞》道光三年初次編輯時僅五十餘首，今存兩卷，一百多首。」《中國歷代著名文學家評傳》（續編三）頁四四八。蓋指《求志堂存稿彙編》，內有《存審軒詞》二卷，光緒十八年（一八九二）周恭壽刊本。今《味雋齋詞》存一一五首，另譚獻《篋中詞》所選十首則不在兩集之中，光緒八年（一八八二）刻本。

⑤ 張琦《續詞選序》。李次九《詞選續詞選校讀》，臺北：復興書局，一九六一年四月，頁一。

⑥ 周濟《宋四家詞選》，香港：商務印書館，一九五九年四月。參見《清人選評詞集三種》。鄺利安《宋四家詞選箋注》，臺北：中華書局，一九七一年一月。

⑦ 金應珪《詞選後序》。《詞選續詞選校讀》，頁二。

⑧ 張惠言《詞選序》。《詞選續詞選校讀》，頁五。

⑨ 二條引自嚴迪昌《清詞史》，江蘇古籍出版社，一九九〇年一月，頁一一、一五八。

⑩ 諸條引自楊麗珠《清初浙派詞論研究》，臺北：國立臺灣師範大學研究所碩士論文，一九八二年，頁一三二、一五〇、一五二。

⑪ 周濟《介存齋論詞雜著》，北京：人民文學出版社，一九五九年十月，頁四。參見《詞辨》。

⑫ 陳廷焯《白雨齋詞話》，北京：人民文學出版社，一九五九年十月，頁五。

⑬ 況周頤《蕙風詞話》，香港：商務印書館，一九六一年八月，頁九、一〇、一二七。

⑭ 陳子龍《王介人詩餘序》。《安雅堂稿》卷二。今據黃保眞等《中國文學理論史》（四）引，北京：北京出

版社，一九八七年十二月，頁五七四—五。

⑮ 譚獻《復堂詞話》，北京：人民文學出版社，一九五九年十月，頁二六。

⑯ 王國維《人間詞話》，香港：商務印書館，一九六一年八月，頁二三三、二〇三。

⑰ 陳洵《海綃說詞》，《詞話叢編》頁四八三九。

⑱ 夏敬觀《蕙風詞話詮評》，《詞話叢編》頁四五八六。

⑲ 陳匪石《宋詞舉》，南京：金陵書畫社，一九八三年十一月，頁一。

⑳ 唐圭璋《宋詞四考》，揚州：江蘇古籍出版社，一九八五年九月，頁二九四。

㉑ 王昌猷《從歐陽修、馮延巳詞風差異探討幾首詞的歸屬問題》認為馮詞的特點有三：一是狀惆悵自憐，二是表沈摯專一，三是時有猜疑嫉妒心理。歐詞也有三個特點：一是曲致綿長，二是平易疏朗，三是豪放曠達。

㉒ 周德清《中原音調》，臺北：藝文印書館，一九七〇年九月，頁一一〇。《意境風格流派》，廣州：廣東人民出版社，一九八六年七月，頁一九四—二一〇。

㉓ 杜文瀾《憩園詞話》，潘鍾瑞注，《詞話叢編》頁二八五三—四。又潘注所引前人語見萬樹《詞律》。

㉔ 陳匪石《聲執》，《詞話叢編》頁四九四〇。

㉕ 段玉裁《六書音韻表》，北京：中華書局影《經韻樓叢書》本，一九八三年七月。參見《說文解字注》。

（原載《第一屆國際清代學術研討會論文集》，頁五八五—六〇八，國立中山大學中國文學系，高雄，一九九三年十一月。）

黃侃《登高》絕筆遺墨研究

三代薪傳，心香一瓣

黃侃的詩文墨寶，海外流傳未廣。今已編印者爲黃念容《量守居士遺墨》（一九七四，香港自印本）、潘重規《黃季剛先生遺墨》（一九七五，臺北學海出版社）及《章炳麟跋黃季剛登高絕筆遺墨》（一九七八，臺北學海出版社）三書。第三種僅收黃侃《登高》絕筆一首，章炳麟題識；另附林尹所藏黃侃信札、對聯等八件；末有林尹題跋。三代師尊遺墨，粹於一編，而前輩高義壯心，風懷萬代，亦足以振衰世之末俗，發思古之幽情。

黃侃固以小學鳴世，詞章亦所擅長。此詩書法秀逸，保持完好，殆屬精品。復以觸目時艱，詞意淒婉，憂國憂民，可爲縮影矣。黃侃既卒，章炳麟親爲題識曰：

> 此季剛絕筆也。意興未衰，而詩句已成豫讖，眞不知所以致此。覩其筆蹟灑落，猶不見病氣也。景伊其善藏之。乙亥大雪後一日章炳麟記。

大雪約爲當年十二月七日左右，而章炳麟未幾亦於翌年六月十四日謝世，距題字半年而已。章炳麟《

黃季剛墓志銘》嘗嘆云：「微回也，無以胥附；微由也，無以御侮。繄上聖猶恃其人兮，況余之瘣腐。嗟五十始知命兮，竟絕命於中身。見險征而舉翮兮，幸猶免於逋播之民。」①汪東《蘄春黃君墓表》亦曰：「餘杭章先生聞君之歿，以爲喪予：絕學弗紹，有等孔顏；六藝之衰，過於周季。嗚呼悕已！」②孔顏相惜，蓋憂道也；「喪予」之毒，情何以堪。夫以孔顏爲喻者，可見古人師生之誼，大義在公，逾於骨肉。

神州鼎沸，兩岸分治，而章黃之學大行，此天之未喪斯文也。車書混一，學術繫之矣。林尹既珍藏章黃兩代遺墨垂四十年，因感於師教，沾溉來學，遂出示所藏，影印行世。俾後生小子，得所借鑑焉。林尹跋云：

> 民國二十四年乙亥九日，先師黃君偕念田世兄及尹等共遊金陵雞鳴寺，歸而賦詩，並書以示尹。越二日，先師以咯血卒，此書竟成絕筆。太炎先生見而傷感，因題其耑，而命尹善藏之。歲月不居，忽忽已四十餘年。今李君善馨彙刊名家書畫，故取付影印。民國六十六年丁巳四月瑞安林尹謹識。

林尹已於一九八三年仙逝。展讀遺篇，仰懷先哲；三代薪傳，心香一瓣。師道尊嚴，學風淳古，其研讀章黃者，當垂顧焉。此書由孔德成署耑，追躡孔門，發揚國粹，學術公器，源流自遠。微意所繫，又非章黃之所獨尊也。

觸目時艱，詞意淒婉

黃侃以一九三五年十月八日（舊曆乙亥九月十一日申時）卒於南京，享年五十。其《登高》絕筆即作於前二日重九，末題「乙亥九日獨吟甫成。適景伊以佳紙至，遂爲錄之。量守居士黃侃。」詩云：

秋氣侵懷正鬱陶。茲晨倍欲卻登高。應將叢菊霑雙淚，漫藉清樽慰二毛。

青冢霜寒驅旅雁，蓬山風急抃靈鼇。神方不救群生厄，獨佩萸囊未足豪。

有關此詩之背景，諸家記載頗詳。尚笏、陸恩涌《季剛師得病始末》云：

六日爲廢曆重陽，據先生此日日記書：「絜子女甥婿，小步豁蒙樓，覺腹痛甚急，急歸臥」云云。此或由於登臨過勞之故。夕食，仍持螯飲啖如故。至夜分，忽覺瞑眩，汗不止下，四體若冰，急煖熱湯取暖，體溫漸復。質明，先生興，猶徘徊蔦蘿架下。盥頮前，圊血兩次，皆紫褐色，旋復吐血盈盂，而讀書不休。時閱《唐文粹補編》，尚餘二卷未畢，猶力疾圈點訖，且記日記。甫閣筆，又大吐，遂臥床。暈眩少愈，適訂購《宛委別藏》送至，又取《桐江集》五冊披閱一過而醫至。醫云：「胃中血管已破裂，醫籍所稱胃潰瘍者也。」因注射止血藥劑。移時，吐血愈劇，共吐三盆四盂，指甲變白，終夜不能入睡。八日晨，醫注射安眠止血藥劑，乃稍稍入睡，昏臥喃喃若夢囈，多涉學術語。下午四時半，哮氣興奮欲坐。坐甫定而卒。③

柯淑齡《黃季剛先生之生平及其學術》嘗補充若干情節：

重九日，先生偕子念田君、姪焯君及景伊師同游雞鳴寺，登豁蒙樓，坐眺移時，覺腹痛，歸即偃臥；少時起，夕食仍持螯把酒，讌談如常，賦詩樂甚。是夕，景伊師往省，並攜乾隆臘紙乞書，先生欣然起，爲濡毫書七律詩幅云……先生書此詩至署款時，忽咯血，然猶力疾書，書法遒勁潤澤，且用中鋒，字跡歷落有致，而詩意特爲衰颯，字形詩意均到底不懈。夜分，先生忽覺瞑眩，汗下不止，四體若冰。黃夫人隔室聞呼聲，起視大驚，急尋熱湯取暖，體溫漸復。……病中極疲苦，而神識不衰，顧子弟云：「吾輩遭邦家多難，自分舍生久矣，畢命正寢，爲幸已多，但苦煩渴耳。」自是先生疲極，時昏睡，喃喃若夢囈，語多涉學術，頻言垂老無成，孤負明恩，竟未及家事也。④

出處大節，凜然不苟，知人論世，然後可以讀先生之絕筆矣。林尹《乙亥九日遊清涼山弔袁子才墓》云：「千金空學屠龍技，九日登高弔古丘。」⑤則是日雖同遊雞鳴寺，而林尹又別遊清涼山，晚復往黃侃家求書。至於登高之義，《文心雕龍．詮賦》嘗論云：「原夫登高之旨，蓋睹物興情。情以物興，故義必明雅；物以情觀，故詞必巧麗。麗詞雅義，符采相勝。」佳節放歌，良有所託；而黃侃感時傷事，自抒懷抱，非徒以麗詞相勝也。

雞鳴寺在南京城北雞鳴山東麓。北臨玄武湖，東對紫金山，水光瀲灩，山色空濛，此地本爲三國時吳後苑。先後建有同泰寺、千佛院、淨居寺、圓寂寺、法寶寺等。明洪武二十年（一三八七）始建雞鳴寺。清同治年間（一八六二—一八七四）重修，規模較小。光緒時建豁蒙樓，民國初建景陽樓。

寺今毀。樓下山麓相傳爲陳後主與張麗華、孔貴嬪避隋兵之所。⑥黃侃極愛南京名勝，閒時即與友人子弟同遊。故詩集、日記等均多紀遊之作，而豁蒙樓亦多次登臨矣。詩集固有《豁蒙樓偶成》⑦；一九二九年亦嘗與陳伯弢、王伯沆、胡翔冬、胡小石、汪辟疆、王曉湘諸先生集豁蒙樓聯句，並用雞鳴寺破筆書於長條毛邊紙上，各人自寫詩句，署名於下。一九六四年，黃焯嘗將手稿轉贈沈祖棻，今或存程家。⑧又一九三五年六月十二日日記云：「夜月佳，與子婿女等步上豁蒙樓啜茗，久坐乃反。」⑨

此詩首聯寫秋氣侵懷，國事日非，心情抑鬱，不欲登高。《僞古文尚書·五子之歌》：「鬱陶乎予心。」孔傳：「鬱陶，言哀思也。」又南唐後主李煜嘗上表宋祖求其弟從善歸國，不許，因作《卻登高文》云：「今予之齒老矣！心悽焉而忉忉。愴家難之如燬，縈離緒之鬱陶。」⑩黃侃顯用其意，而傷國難如燬；南唐亦都南京，用典最切。

頷聯由杜詩變化而出，另有託意。杜甫《秋興》八首之一云：「叢菊兩開他日淚，孤舟一繫故園心。」蓋杜甫離成都後淹留於雲安及夔州，已兩度秋光矣；心懷故國，無時或已。「二毛」句用庾信《哀江南賦序》：「信年始二毛，即逢喪亂，藐視流離，至於暮齒。」《左傳》杜預注云：「二毛頭白有二色。」⑪季剛年逾五十，適足以自喻，而喪亂流離，亦同於庾、杜之忠愛淒愴也。又黃侃嗜酒，「清樽」亦有所指。汪東《蘄春黃君墓表》云：

晚歲講學金陵，聲聞日遠，東邦承學之士多踵門請益。遼瀋變起，君憤恨，絕弗與通。既志在恢復，嘗以易象占之，得明夷六二，曰：「明夷於左股，是其驗矣，唯應天合眾者，始有吉徵。今非所望。」繇是鬱鬱不自聊，益縱飲，或聲之於詩。⑫

其後汪東更於黃侃的周年祭詞云：「季剛傷時縱酒，遂以身殉。」⑬此聯不但極寫懷抱，亦所以說明「鬱陶」之意。先生舍政治而專注學術，大有宋人「為往聖繼絕學，為萬世開太平」的宏願。

頸聯最為緊要，明指日寇侵略，人民流離失所。「青冢」在今呼和浩特市（歸綏市）南九公里大黑河南岸之沖積平原上，遠望墓表黛色冥濛，歷代相傳為昭君冢。「蓬山」在東海，直斥日本。《山海經．海內北經》云：「蓬萊山在海中。」郭璞注：「上有仙人宮室，皆以金玉為之。鳥獸盡白，望之如雲，在渤海中也。」（卷十二）又《史記．封禪書》云：「自威、宣、燕昭，使人入海求蓬萊、方丈、瀛州。此三神山者，其傅在勃海中，去人不遠。患且至，則船風引而去。蓋嘗有至者，諸僊人及不死之藥皆在焉。其物禽獸盡白，而黃金銀為宮闕。未至，望之如雲；及到，三神山反居水下。臨之，風輒引去，終莫能至云。世主莫不甘心焉。及至秦始皇并天下，至海上，則方士言之不可勝數。始皇自以為至海上而恐不及矣，使人乃齎童男女入海求之。船交海中，皆以風為解，曰未能至，望見之焉。」（卷二十八）此徐福入海之說所從出，文獻固以「蓬山」喻日本者也。又屈原《天問》：「鼇戴山抃，何以安之？」洪興祖注云：「鼇，大龜也；擊手曰抃。列仙傳曰：『有巨靈之鼇，背負蓬萊之山，而抃舞戲滄海之中，獨何以安之乎？』……列子云：『五山之根，無所連箸。帝命禺強使巨鼇十五舉首而戴之，迭為三番，六萬歲一交焉；五山始峙而不動。』張衡賦云：『登蓬萊而容與兮，鼇雖抃而不傾。』」《淮南子‧覽冥訓》亦云：「往古之時，四極廢，九州裂，天不兼覆，地不周載，火爁炎而不滅，水浩洋而不息。猛獸食顓民，鷙鳥攫老弱。於是女媧鍊五色石以補蒼天，斷鼇足以立四極，殺黑龍以濟冀州，積蘆灰以止淫水。蒼天補，四極正，淫水涸，冀州平，狡蟲死，顓民生。」（卷六）黃侃自以「靈鼇」喻中國，而所負極重。中原板蕩，夷狄交侵，爲免神州陸沈，可有女媧再平天下者乎？此處「抃」字引申有侵略義，無限激憤；瞋目怒髮，氣壯山河。

案日本自一九三一年發動九一八事變侵佔東北以後，即於一九三二年扶植滿州國（兩年後溥儀稱帝），並積極向內陸推進。一九三三年，承德失守，日本進窺平津，強令河北、山東、山西、察哈爾、綏遠五省脫離中央，另建「華北國」。一九三五年六月九日中日訂立「何梅協定」，二十七日簽「秦土協定」，河北、察哈爾兩省幾全受日本控制。日本步步進侵，亡國之禍，逼在眉睫。黃侃六月十三日日記云：「聞東倭又有新要求，浸淫疽食，非囊括九州不止。群小保官位權勢者，亦未必能終保也。哀哉！」⑭此外十一日、十二日日記亦多記國事，要之文化所繫，中國亦未盡絕望也。

末聯以天下爲念，不欲獨善其身。「萸囊」出吳均《續齊諧記》：「汝南桓景，隨費長房遊學累年。長房謂曰『九月九日汝家中當有災，宜急去。令家人各作絳囊，盛茱萸以繫臂。登高飲菊花酒。此禍可除。』」⑮桓景獨善其身，未爲黃侃所羨，志尚不同。程千帆《憶黃季剛老師》嘗釋云：「這一篇詩以雁象徵流離的人民，以鼇比喻猖狂的日帝，對於自己雖能安居治學卻缺少救國的『神方』感到內疚。」⑯主旨明確，惟以「鼇」釋「日帝」則誤。汪辟疆《悼黃季剛先生》云：

先生憂國之忱，形諸顏色，偶一命筆，有小雅詩人之感。聞前日嘔血方劇，猶時時問家人：「河北近狀若何？」已而又曰：「國事果不可爲乎？」蓋先生本性情中人，氣憤塡膺，雖在彌留之時，猶未忘懷國事。即此一端，已足見其生平矣！⑰

改字鍊意，絲毫不苟

黃侃絕筆之作最早見於《制言》半月刊第三期，出版日期爲十月十六日。是期首先公布黃侃噩耗，並稱「派孫世揚往弔，因鈔得先生絕筆詩，刊錄如下」：

秋氣侵懷興不豪。茲辰倍欲郤登高。應將叢菊霑雙淚，豈有清樽慰二毛。
西下陽烏偏灼灼，南來朔雁轉嗷嗷。神方不救群生厄，獨臂萸囊空自勞。

此詩與前引黃侃咯血手稿互有異同，押韻用字亦見改易，尤以頸聯變換最大。「陽烏」原指日中金烏，《文選》李善注云：「《春秋元命包》曰：陽成於三，故日中有三足烏。烏者陽精。」⑱此處當指日本；「灼灼」燒炙貌，侵凌中華，逼迫何甚！「嗷嗷」乃哀鳴聲。《詩·小雅·鴻雁》云：「鴻雁于飛，哀鳴嗷嗷。」毛傳：「未得所安集則嗷嗷然。」喻人民流離失所，誰可救挽？

兩詩相較，則孫世揚所鈔者（今稱「前者」）似屬初稿。其後寫付林尹者爲改定稿，似未留底（今稱「後者」），而黃侃不二日即謝世。世亂方殷，時人多未見後者。以詩論詩，後者首句「鬱陶」正用《郤登高文》語，且有《尚書》可據，意較涵渾。「興不豪」則嫌淺露矣。頷聯「漫藉」不著意，「

豈有」則欠沈鬱。頸聯二句，後者喻象鮮明。「青冢」本苦寒之地，旅雁尚不能生存；「蓬山」則徒託仙境，日軍竟大動干戈。「驅」、「抃」兩動詞有趕盡殺絕義，讀之敵愾同仇，血脈賁張。前者泛寫景色，骨力稍弱，聲調亦嫌哀沈不振。或謂日本雖窮凶極惡，然日薄西山，一輪返照而已。其後徐風陶《悼黃季剛先生》云：「重九持霜螯，二三相攜手。吟詠西頽日，悲歌菊花酒。蒼天意渺茫，萸囊空在肘。」注云：「四句君詩中意。」⑲則以「西下」一句爲絕望之辭。復與前解不同。末聯前者「獨臂」雖亦切典，終以後者用動詞「佩」字爲佳。「空自勞」語氣亦弱，後者用「未足豪」則可表現先生之國士本色，民胞物與，胸懷浩蕩；遙應「青冢」一聯，非徒弱者之哀鳴也。章炳麟題曰「意興未衰」者，殆以此也。二詩版本不同，而高下易辨，亦足以表現先生之治學態度，改字鍊意，絲毫不苟。或曰後者爲初稿，孫世揚所鈔者始爲最後定稿。蓋黃侃爲林尹寫定時已咯血，晚復昏睡；惟翌日亦如常讀書寫字，因改定所作，並留底稿；觸目時艱，生涯將盡，而不自知其所以衰颯也。

此詩尚有第三版本，題《乙亥九日》，見《黃季剛詩文鈔》。是書蓋由黃念祥手鈔本校訂整理而成，得詩一〇一七首；此詩則錄於七律之末，知爲絕筆無疑。文字與孫鈔本大同小異，現將兩者異文列下：

1. 茲晨「更欲」卻登高（手寫本及孫鈔作「倍欲」）
2. 「漫藉清尊」慰二毛（手寫本同；孫鈔作「豈有清樽」）
3. 神方「莫救」群生厄（手寫本及孫鈔作「不救」）

4.「繫背」萸囊空自勞（手寫本作「獨佩」；孫鈔作「獨臂」）⑳

其他與手寫本異同者不錄，蓋亦即手寫本與孫鈔本之異，前文論之已詳。所可異者，孫世揚既稱鈔自黃侃遺稿，黃念祥所錄者亦當爲黃侃家藏手稿無疑，何竟懸殊若此？黃念祥可能僅從《制言》回鈔，則異文從何而出耶？其又或黃侃一稿、二稿、三稿之異耶？前三條異文改動較小，可置不論；第四條「繫背」比較費解，或爲鈔者手民之誤，而非黃侃之原稿者耶？黃侃獨吟甫成，越一日而卒，而版本歧異若是。因表而出之，以俟知者矣！

【註釋】

① 原載《制言》半月刊第五期，蘇州，一九三五年。今據《量守廬學記》，北京：三聯書店，一九八五年八月，頁二。
② 原載《制言》半月刊第十一期，蘇州，一九三六年。今據《量守廬學記》，頁二。
③ 原載《金陵大學校刊專號》，南京，一九三五年十一月。今據《量守廬學記》，頁一〇四。
④ 見《先生年譜》，頁一八七—一八八。臺北：中國文化大學中國文學研究所博士論文，一九八二年五月。
⑤《景伊詩鈔》，臺北：學海出版社，一九八四年五月，頁七。
⑥ 節自《中國名勝詞典》，上海：上海辭書出版社，一九八一年十月。
⑦《黃季剛詩文鈔》，武漢：湖北人民出版社，一九八五年九月，頁二三五。

⑧程千帆：《憶黃季剛老師》。原載《學林漫錄》八集，一九八三年。今據《量守廬學記》，頁一七五—一七六。程氏云：「從聯句中，可見各位老師的逸興雅致。但隨著民族災難的日益深重，『花天酒地』也終於被『茲辰倍欲卻登高』所取代了。」

⑨見《散葉日記》。《黃季剛先生手寫日記》，臺北：臺灣學生書局，一九七七年六月，頁三三九。

⑩陸游《南唐書·李從善傳》：「後主手疏求從善歸國，太祖不許。以疏示從善，加恩慰撫，幕府將吏皆授常參官以寵之。而後主愈悲，每登高北望，泣下霑襟，左右不敢仰視。由是歲時游宴多罷不講。常製《卻登高文》云云。」（卷十六）

⑪《左傳·僖公二十二年》泓之戰，宋襄公曰：「君子不重傷，不禽二毛。」

⑫同註②，頁三—四。

⑬引自程千帆《憶黃季剛老師》。同註⑧，頁一六八。

⑭見《散葉日記》。同註⑨，頁三三一。案黃侃此頁日記實針對「何梅協定」而發。時何應欽與梅津美治郎於北平協議：中國罷免河北省府主席于學忠、天津市長張廷諤，撤退北平憲兵團、河北省黨部、軍事委員會政治訓練處、藍衣社（軍統特務組織）及河北境內的中央軍、東北軍于學忠部等。惟僅口頭答覆，事後何應欽離北平南下。至於「秦土協定」則由秦德純與土肥原簽定，中國撤退張家口駐軍及國民黨黨部，解散排日機關，協助日人在內蒙活動，允許不向察省移民。十二月，蒙軍進入察東六縣，察哈爾大半淪陷。一九三六年六月二日錫林果勒盟副盟長德王（德穆楚克棟普）成立內蒙軍政府於察哈爾嘉卜寺，自稱總裁。黃侃詩「青

冢霜寒驅旅雁」實寫北方淪陷慘況。詳見郭廷以《近代中國史綱》，香港：中文大學出版社，一九七九年九月，頁六五四—六五五。

⑮ 清・王謨輯《增訂漢魏遺書》，臺北：大化書局，一九八三年十二月，頁三三五一。

⑯ 同註⑧，頁一六八。最近吳培根《稼軒襟抱陸游魂》一文仍沿襲誤說，見《黃侃紀念文集》，武漢：湖北人民出版社，一九八九年三月，頁一六六。

⑰ 原載《制言》半月刊第七期，蘇州，一九三五年。今據《量守廬學記》，頁一〇〇。

⑱ 左思《蜀都賦》：「羲和假道於峻歧，陽烏迴翼乎高標」。《文選》，上海：上海古籍出版社，一九八六年八月，頁一七八。又馬王堆漢墓出土「非衣彩繪帛畫」，其左上角紅日內亦有烏鴉，黑色，二足，與相傳金烏三足不同。

⑲ 《制言》半月刊第四期，蘇州，一九三五年十一月，頁八。

⑳ 同註⑦，頁二四四。

（原載《孔孟月刊》第三十一卷第九期，頁三九—四四，臺北，一九九三年五月；又載《瑞安林景伊教授八十冥誕紀念文集》，頁三九三—四〇六，文史哲出版社，臺北，一九九三年十二月。）

秋氣侵懷正鬱陶茲辰倍欲
却登高應將叢菊露雙淚
漫藉清樽慰二毛青冢霜寒
驅旅雁蓬山風急抃靈鼇神方
不救群生厄獨佩茱囊未是豪

乙亥九日獨吟甫成適景伊以佳紙至
遂為錄之量守居士黃侃

此季剛絕筆也意興衰而詩句
已成豫讖真不知所以致此觀其
筆蹟瀟灑猶不見病象也景
伊其善藏之
乙亥大雪後一日章炳麟記

國立臺灣師範大學國文研究所

民國二十四年乙亥九日 先師黃君偕念田世兄及尹等共遊金陵雞鳴寺歸而賦詩並書以示尹越二日 先師以咯血卒此書竟成絕筆 太炎先生見而傷感因題其耑而命尹善藏之歲月不居忽忽已四十餘年今李君善馨彙刊名家書畫故取付影印民國六十六年丁巳四月瑞安林尹謹識

詩話藝術的新形式

——論汪中的書意和詩境

詩話藝術化

藝術的最高境界就是寫意，直指本心，書法如是，詩詞也如是。詩話是一種評論的藝術，指出詩的背景和語義，揭示詩的旨趣和意蘊，煙水迷離，燈火闌珊，綺穀紛披，發揮想像，拓展思維空間，闡釋情境。傳統詩話固以語言文字爲載體，通過細緻的描寫和理性的分析來構擬詩境，中國書法呈現文字的構形之美，本來跟詩話沒有甚麼關係；但汪中教授卻將書法和詩話巧妙的結合起來，以書意烘托詩境，而詩境則深化了書意；形意雙生，空靈澄澈。汪中以書法呈現詩情，增強詩美的表現方式，豐富詩話的視覺效果，也就是將詩話藝術化了。這是詩話藝術的新形式，值得我們探索。

汪中，字雨盦，一九二六年出生於安徽桐城。國立臺灣師範大學國文系教授，一九九〇年退休；赴臺中任東海大學中文研究所講座教授，一九九五年退休。汪中精於書法，主講詩詞。著有《詩經集傳附蔛補》、《樂府詩紀》、《詩品注》、《清詞金荃》等；復刊行詩集《儒城雜詩》、《雨盦和陶詩》兩種，另出版書法集《詩書翰墨香—汪中書法集》、《汪中書翰集》兩種，又書信集《雨盦書札》一種。本文主要根據《汪中書法集》及《雨盦書翰集》兩書的材料，討論書法和詩話的關係，鉤稽汪中的詩話理論。①

汪中的詩詞和書法意蘊相通，富於情趣神韻，其詩集細寫手錄，固可表現書法嫵媚的姿采；書法集天光雲影，神魂搖蕩，觸目亦皆詩境。在《汪中書法集》中，啓功嘗以「虛靈挺拔」形容汪中的詩作和書風，其《虛靈挺拔，標格過於詩——汪雨盦先生法書展覽書後》代序云：「虛靈是不許絲毫有意用力，挺拔是不要自我瘦軟。後來學作詩，學寫字，也逐漸懂得，詩不應字模句擬，字不要用力執筆，甚麼時候用了意，用了力，那裏的句和字必然僵硬。」「而汪先生的詩，我覺得眞夠上無跡可求，也就是從中找不到任何模擬的痕跡。而作者的性情，卻是令讀者在會心中得到振奮。」「今觀汪先生的字，可以想見下筆時似乎根本沒想有古人，只是自我抒寫性情。」啓功復以「標格過於詩」形容雨盦的風采，代序又云：「前年（一九九〇）雨盦先生訪書而來琉璃廠肆，又蒙枉駕蕢臨寒舍。初次晤言，竟似有平生之誼。他深湛的文雅，容入質樸的天眞中，眞可謂『標格過於詩』，不禁幻想，這是不是安徽學者的特點，或是『古塘倦翁』的遺韻吧！」啓功文筆風趣，觀人於微，他將雨盦的氣質跟詩情、書藝融爲一體，點染精神。前輩學者的風範，自然更令人神往了。其後汪中《雨盦書翰集》自序回顧五年來在大度山中詩書自遣，序云：「山中靜寂，逸興遄飛。或佳句新成，或短章舊作。擘窠酣暢，絕臏完白道州；容與嘯歌，擕手漆園栗里。五年東海，永夜西廬，拉雜摧燒之餘，什襲藏弃之影。撫茲一卷，聊綴數言。」汪中的詩書造詣渾然天成，反映性情和感受。大度山風光秀麗，更能帶出飄逸的境界。至於書法跋尾隨筆遣興，神韻悠揚，思入淵微，因此連詩話評論也顯出搖曳的風神，自成一格了。

案《雨盦書翰集》中有《杜甫軸》云：「杜甫天才頗絕倫。每尋詩卷似情親。憐渠直道當時語，不著心源傍古人。元稹絕句亦眞愛杜公者，不必讀其爲杜墓銘而瞭然矣，辛未十月雨盦。」抉發杜詩的精神，引元稹說以爲同調。其實不傍古人之論，也是汪中一貫的主張，而與啓功的觀點若合符節了。

論柳詞和蘇詞

一九九二年四月，汪中假臺北清韻藝術中心舉辦書法個展，同時出版《汪中書法集》的專輯。此集選錄作品五十二件，計有聯廿二件、條幅十五件、橫幅五件、斗方二件、冊二件、屏六件、卷六件，以表現書法藝術爲主，論詩的材料不多。其中「柳永小字斗方」一頁，末題「雨盦時居漢城之安岩洞」；大抵是講課資料，影印派給學生。此頁首行摘錄柳永的生卒籍里，次錄周濟及劉熙載的詞論四行；再錄《雨霖鈴》、《蝶戀花》、《夜半樂》三詞。草色煙光，曉風殘月，融於淒迷的氣氛中，彌添銷魂悵惘之情。汪中的行書小字「森秀幽淡之趣在骨」，這不單是《介存齋論詞雜著》對柳詞的評語，同時也是我們欣賞汪中書法藝術的感覺。學生在聽課之餘，同時又能揣摩老師的筆調，發思古之幽情，詞境必然大有啓發，搔到癢處。

汪中另有「東坡放曠愈多情」小行書講稿，凡三頁；除引錄作品外，酌附己見，夾敘夾議，更表現出深厚的詞學造詣。汪中論蘇詞，以神遇爲主，深味作品，不專以考證爲尙。其論云：

蘇軾爲宋代大文學家，自謂作文如行雲流水，初無定質；但當行於所當行，止於所不可不止。雖嬉笑怒罵之詞，皆可書而誦之。東坡三十七歲，官杭州通判，始寫詞。其時因公往來湖州、蘇州。（阮郎歸）

他不是像杜牧惟有載酒美人的綺夢，更深於朋友之間。（永遇樂）

兄弟之情，至死不渝。（水調歌頭）元豐元年四十三歲，在徐州任。

又（永遇樂「彭城夜宿燕子樓夢盼盼因作此詞」）東坡王夫人卒於治平二年；明年，葬於眉之東北彭山縣安鎭鄉可龍里，曾有「十年生死兩茫茫」之詞。此篇「山中歸路」亦所以悼亡也。

在徐州救水災，與民相共，故臨去依依。（江城子「別徐州」）

其後二年，貶黃州，有《念奴嬌》大江東去赤壁懷古之作，「風流人物」、「小喬初嫁」、「雄姿英發」諸句，皆自賞而有所思於王夫人也。

（卜算子「黃州定惠院寓居作」）此孤鴻即東坡身世之寄託，《赤壁賦》中之「玄裳縞衣」，是耶非耶？眞如天馬行空，不可羈勒矣。

方外友人參寥子、僧道潛，相交尤契，始於彭城。元祐四年，東坡守杭州；六年，爲翰林學士承旨，與參寥別去。（八聲甘州「寄參寥子」）情深往復，再三早退之意。
其後海外歸來，仍不能回蜀，讀此能不爲之沾衣？（減字木蘭花）其情尤爲超逸，眞詞人之冠絕古今者。

汪中指出東坡詞深於寫情，例如歌伎、朋友、兄弟、百姓、方外友人以至鄉情等，尤篤於伉儷之情。他指出《永遇樂》彭城夜宿燕子樓夢盼盼詞有「天涯倦客，山中歸路，望斷故園心眼」之句，解釋爲悼亡；又《念奴嬌》赤壁懷古，則爲自賞而有所思於王夫人者；都是很有創意的觀點。又論《卜算子》黃州定惠院寓居之「孤鴻」寄託身世蒼茫之感，與《後赤壁賦》中「玄裳縞衣」之喻，同一機杼。此說後來在《雨盦書翰集》中亦有所發揮，其《時夜橫披》抄錄《後赤壁賦》末段，跋云：「東坡赤壁之遊作賦，而末段尤恍惚，是耶非耶，眞神龍見首不見尾者。無意爲文，乃得如是之妙。東坡復爲之，亦未必若是。癸酉秋旱，秋陽灼人，筆燥墨乾，爾許少趣。」這裏觸及寫作的天機，儘管東坡才大，如果遇時不合，也未必能寫下這篇不朽的奇文。汪中當日身處炎秋虐日之下，筆燥墨乾，天氣弄人，難怪有這麼多牢騷了。此卷通體清涼，寧神養志，思接天人，讀之亦有消暑效用。

一九九二年一月三日，汪中訪問北京故宮；復與啓功同觀杜牧張好好卷、米芾苕溪帖。歸來即書苕溪詩「密友從春拆」，跋云：「辛未仲冬廿九日，觀苕溪帖眞跡於漱芳齋，紙墨光華，神采煥然，歸來書此。嘉平月之四日大度山雨窗遣興。」又跋「好懶難辭友」云：「辛未嘉平四日，適觀苕溪眞跡歸來作。」又跋「仕倦成流落」云：「『遊頻』句得久客之情，集字眞蘭亭神味，海岳眞可人也。」喜悅之情，躍然紙上。而且汪中將米芾的筆意和詩情通而論之，譬爲「可人」，古今無隔，直探詩心，在細雨霏微中，產生強烈的共鳴。

《行書十八開冊》有論詩絕句六首：

建安風骨文章手，千古登樓王仲宣。漢末英雄誰領袖，老瞞才氣絕堪憐。
摩詰高懷多麗句，故衣纔落寫紅蓮。輞川山水眞如畫，倚杖柴門聽暮蟬。
不才誰道孟襄陽。綠樹青山樂未央。底事永懷愁不寐，松窗明月太清涼。
杜甫感時花濺淚，鄜州風月解長吟。可憐玉臂雲鬟濕，兒女天涯寂寞心。
詩成陶謝逞雄才。暮遠樓前桃李開。尚想丁家橋畔宅，月明人靜雁聲迴。
蓀簃文字擅清芬。游屐陽明賸舊痕。惆悵年年春寂寞，櫻花風雨黯詩魂。

絕句六首分詠三代詩風：一爲建安風骨，才人輩出；二爲盛唐神采，汪中標舉王維、孟浩然、杜甫三家，情韻遙深，澄澈空明；三爲當代大家，暮遠樓即瑞安伍俶，字叔儻，風華搖曳；蓀簃即張荃，臺灣師範學院講師，其《草山看櫻花》五首傳誦一時，表現動人的神采。

大度煙光

《雨盦書翰集》於一九九五年出版。選錄作品八十件，包括軸、橫披、對聯、四屏等。以行書爲主，其他隸書十四件，篆書一件、小字四件。諸作多寫於大度山中，或直抒胸臆，或仿古筆意，或抄寫名作，或吟詠寄情。山光雲影，花木姻緣，景物融和，天人意合。書法中有詩境，詩境中含古趣。擾擾塵寰，行雲流水，羲皇之境，古樸之情，反求諸心，彷彿可鑒。從汪中的書法中，我們讀出了詩人的心跡。一九八九年書米芾《雲水大軸》云：

雲水心常結，風塵面久盧。重尋釣鼇客，初入選仙圖。鼠雀眞官耗，龍蛇與衆俱。卻懷閑祿厚，不敢著潛夫。

米詩首聯自我寫照，「盧」解黑色，喻風塵僕僕。釣鼇爲唐人酒戲之一，李白亦嘗以海上釣鼇客自喻；選仙圖則爲宋時骰子比色之戲，先爲散仙，次爲上洞，以漸至蓬萊大羅；次聯有重覓新生之想。三聯譏刺現實醜惡。末聯以身奉厚祿，未能效王符著《潛夫論》。心緒抑鬱，情見乎辭。其後汪中於一九九〇年自師大退休，赴臺中任教。當時會聚東海大學中文研究所的還有周法高、李田意、龍宇純、楊承祖諸教授，雲蒸霞蔚，相聚甚歡。汪中急流湧退，隱居大度山中，讀書寫字，頗有悟境。復書米芾《竹山小品》云：

竹前槐後午陰繁，壺領華胥屢往還。雅興欲爲十客具，人和端使一身閑。

跋稱「山中秋深，早夕涼風颯然，殊有佳趣，書此遣興。」汪中對天氣的感覺最爲敏銳，往往影響及於書法；此頁樂得消遙之境，飄逸閒適。一九九五年夏天，汪中又要在東海退休了，遷往南投。從此閒雲野鶴，得大自在。他說會先到美加小住，坐郵船暢遊阿拉斯加，天涯雪塹，林海茫茫。相信這對汪中的書法及詩境會有更大的啓發，風雲感會，再開新面。

在臺中五年，汪中住在東海大學的學人宿舍，名之曰靜寄東軒或得且住庵。假日回臺北，擺脫很多應酬。大度山無風無雨，林木蒼翠，東湖泛碧，朗日浮金。余光中的名句：「星空，非常希臘」，就是重上大度山的靈感。汪中得詩云：

山靜風疑雨，蕭騷便已秋。人家隔簾幙，燈火隱岡頭。淅瀝簷花落，迢遙野犬咻。遠遊如已倦，猶自數更籌。

跋稱「山居寂靜，風聲颯颯疑雨。燈影犬吠，眞似陶公曖曖遠人村，依依墟里煙。或良夜已闌，不能成寐，惟靜中得趣耳。」前年冬夜，我也曾在山中寓宿一宵，寒星閃爍，四顧寂然；早上漫步綠野，風煙柔媚。詩云：

大度煙光媚，寒星碧玉岑。平林山夜寂，幽茗主人心。蕩漾東湖酒，澄鮮曉日金。天涯離別意，回望白雲深。

「草膩波柔」的曉珠詞

汪中擅長講授詩詞。上課時輕搖紙扇，一口濃濃的徽音很容易就把學生帶入盛唐古老的江南世界裏去，浮想聯翩。有時在黑板上隨意揮毫，蘭亭苕溪，晉宋風神，彷佛重現，更是最高的視覺享受。有同學說，老師坐在臺上講詩，他本身就是一首詩。有同學說，聽老師課不能只顧做筆記，否則記錄了皮相，錯過了詩境與風神，更是得不償失了。汪中近來專講唐五代詞，課餘尤愛讀呂碧城詞，在《

雨盦書翰集》中，寫《曉珠詞》的就有八幅，大抵寫於一九八九年，揭示詞旨，通於身世之感，迷離惝恍，風華絕代。《平生軸》云：

平生絕愛曉珠詞。草膩波柔不自持。最是曉堤行不得，惱人天氣雨如絲。

跋稱「希叟愛誦呂碧城草膩波柔詞句，宛轉惆悵。過木柵雨絲風片，故居難尋，詩以憶之。」希叟即劉太希，木柵即政大，現在汪中上課時還輕搖劉太希繪畫美人的紙扇。「草膩波柔」句出呂碧城《浪淘沙》。此詩讀書懷人，情深意重，而以天氣襯托愁緒，淒婉欲絕。案呂碧城（一八八三—一九四三），安徽旌德人。幼即穎悟，嘗任北洋女師校長。其後歷遊歐美，寓居瑞士。一九四〇年來港居東蓮覺苑，卒於香港。著《呂碧城集》五卷，包括文、詩、詞及歐美漫遊錄等；又《曉珠詞》四卷②。呂碧城精通外文，晚年潛心翻譯佛典；詞稿擱筆於一九三七年，抵港後亦不復填詞耳。《浪淘沙》云：

寒意透雲幬。寶篆煙浮。夜深聽雨小紅樓。姹紫嫣紅零落否，人替花愁。　臨遠怕凝眸。草膩波柔。隔簾咫尺是西洲。來日送春兼送別，花替人愁。

汪中跋云：「呂碧城小令，如此魂銷，身世不偶，中有許多心事也。」此詞上片人惜花，紅樓寶篆，情意迷離。下片花惜人，送春送別，相對魂銷。劉太希與汪中都極賞「草膩波柔」句，寫出了柔媚的春光，詞心細密。而上下片的結句更巧妙地將人與花的命運綰結在一起了。

汪中評析《曉珠詞》多條，大度山居，人我兩忘，眼界自高。呂碧城《浣溪沙》云：

簾幙春寒懶上鉤。芳塵何處問前游。澹煙輕夢思悠悠。　珠箔飄燈人影颭。桃花糝逕馬蹄愁。

黃昏風雨遍紅樓。

汪中跋云：「眞玉谿生化爲曉珠長短句。」殆指下片第一、二句乎？意象迷離，疑眞疑幻，風格麗密，逼眞義山。李商隱《碧城》三首，其一結云：「若是曉珠明又定，一生長對水精盤。」感情執著。呂碧城詞以「曉珠」爲集名，想必對義山詩有深刻的體會了。又《南鄉子》上片云：「雨過漲留痕。新水如雲綠到門。幾處小桃開泛了，前村。寒食東風別有春。」紅情綠意，汪中認爲「曉珠詞亦花間皇甫之遺音」。又《浪淘沙》云：

百二莽秦關。麗堞迴旋。夕陽紅處儘堪憐。素手先鞭何處著，如此山川。　花月自娟娟。簾底燈邊。春痕如夢夢如煙。往返人天何所住，如此華年。

汪中跋云：「曉珠詞中絕品，李清照亦不得專美於前，靈芬乃爾。」此詞色澤鮮麗，尤嚴於結構。上片哀感山川，無力可挽乾坤；下片痛惜華年，更悟人天寂寞。汪中稱之爲「絕品」，毫不誇張。《虞美人》「白蓮」云：

仙雲翠窣琉璃面。銀浦流香遠。一枝清越見丰神。卅六湖中紅粉不成春。　瑤峰太華擎殘雪。十丈花重疊。頎頎宜向月中看。絕淨天身瑩作水精寒。

汪中跋云：「曉珠詞詠白蓮，大度山居，早晚寂靜，書此時有詞境詞心。」此詞玲瓏剔透，仙姿淨絕。上片清越流香，下片冰瑩玉潔；也就把讀者帶入空靈的境界去了。又跋《菩薩蠻》「照空花網如星月」云：「曉珠早慧，晚耽禪悅，一片空明，早歸淨土，人世如何如何。雨盦己巳二月二日書。」又跋《浣溪沙》「殘雪皚皚曉日紅」云：「曉珠詞滿紙淒怨，身世不偶，亦傷心之人耶，所以遯而禪隱矣！」又釋《謁金門》「雨露洗」云：「呂碧城謁金門詠桂之作，大度山居清寂之趣。」汪中刻意強調詞境詞心，也就是《蕙風詞話》的論詞主張。大度山氣氛寧靜，身閒心寂，很容易就會融入《曉珠詞》淒怨迷離的詞境當中；此外汪中也很嚮往呂碧城孤獨幽悽的世界，心意潛通，這也是他們能寫出詞味的必然條件。宇寰擾攘，珍重素心，清寂自持，境界自高。

雨盦論詞

汪中也很愛讀納蘭性德的《飲水詞》。在《雨盦書翰集》中，寫納蘭詞的即有四幅，全是一九八九年的作品。其跋《采桑子》「涼生露氣湘絃潤」云：「飲水詞人逼眞五代，己巳正月五日祁寒。」又跋《采桑子》「土花曾染湘娥黛」云：「己巳孟陬五日，臺北祁寒難遣，書納蘭容若小令。東瀛樅屋清賞突出長毫一鋒，眞劣駒矣。奈何！奈何！」又跋《采桑子》「謝家庭院殘更立」云：「飲水詞最善言情，不辨五代與北宋也。己巳正月。」其跋《謁金門》更詳論云：「清人小令，如飲水者，已直逼花間五代，不辨北宋。其神清，其語澹。己巳人日晴午，遂以柔毫書此，殊難振迅，斯所以媿海岳之跋尾書耳！」在這幾則跋尾中，我們可以很清楚的看出汪中怎樣將筆意與詞境結合起來，隨著天氣冷暖的變化，連情緒也有波動的感覺。例如在新年初五日的酷寒中，他用日本毛筆樅屋清賞來寫納蘭詞，雖然罵它「劣駒」，但卻不換筆，可見他有意要克服這匹「劣駒」。汪中以意遣筆，不管用甚麼筆來寫可能都沒有分別了。其後人日換用柔毫，書意柔媚多了，跟納蘭詞的精神更爲接近；可又嫌它沒有「振迅」的感覺。甚至還慨歎比不上米芾的跋尾，若有所憾焉！至於論詞方面，汪中以「最善言情」、「神清語澹」二語來概括納蘭詞的風格；指出《飲水詞》不辨北宋，直逼花間五代，自然也是很高的評價了。

《春景橫披》錄汪東寄庵詞跋云：「南朝風物閑美，前年冬一游，今悵然有憶，因書此紙。壬申（一九九二）小春，時臺北正暖，可單衫試酒，海濱天氣，有如此者。」亦是以天氣映發詞境和書意，寫出閑美的感覺。

《詩詞軸》錄李清照及沈祖棻詞，合寫爲一幅，也很特別。

髻子傷春懶更梳。晚風庭院落梅初。淡雲來往月疏疏。　玉鴨熏爐閑瑞腦，朱櫻斗帳掩流蘇。通犀還解辟寒無。（李清照）人靜。人靜。滿地橫斜樹影。小廊如水澄清。今夜千山月明。明月。明月。警角中宵愁絕。（涉江詞）

汪中沒有解釋合寫的原因，大抵都是表現「愁絕」的境界。李清照《浣溪沙》詞刻劃傷春的愁緒，幽敻清遠。而沈祖棻《調笑令》則是一片剔透玲瓏的境界。合起來也就是汪中的意緒，敏銳善感，詞心細密。

汪中深於故舊之情，其《竹林軸》云：「竹林老子擅高吟。千古江山有賞音。門外垂楊春裊裊，風流賦筆絕崎嶔。太希叟好唱辛稼軒摸魚兒：千古江山，氣吞如虎。聽之使人氣結，至今有懷不已。」大抵也是借題發揮，著重宣洩心中鬱結憤懣的情緒。辛詞有濃烈的時代感覺，儘管汪中沒有宣之於言，但言外之意，他對時局的看法，本於知識分子的良知，婉約渾成，溫柔敦厚，看來也還是十分清楚的。

陶詩的魅力

汪中特別鍾情於陶詩的世界。除和陶以外，書法中更處處以陶淵明自擬，刻劃詩境，淋漓盡致。一九八八年秋臺北書展之後，嘗戲作小詩二首云：

春蚓秋蛇莫漫嗟。蘭亭蜀素燦奇葩。將來百幅澄溪紙，寫得高行斗字斜。

夜月微茫酒已醺。研翻墨瀋起煙雲。弱毫好共幽居士，合是淵明一二分。

跋云：「晴窗稍暇，乃以此舊紙錄之。電話再起，擱筆者再，勞人心緒，草草可知。欲得淵明之趣，又豈可得哉！」其一稱踵武前賢，勤寫百幅；而高行斗字斜，淋漓翰墨，全是表現意趣。其二摹寫夜月酒醺幽靜朦朧的境界，煙雲滿紙，悟得一二分淵明的神韻，自亦不易。

汪中嗜酒，流風所披，及門弟子亦多能飲豪飲。惟近年以多病輒飲，惘惘不甘。《持醪軸》「申歲社集酒花爲題作五律一首，書于大度山居」云：

持醪靡由得，重九寄長謳。亦有黃花發，徒勞白日流。百年憂世短，一盞愛浮漚。寄語社中友，殷勤好谿眸。

詩作於一九九二年。首聯注稱「陶公《九日閒居》二首序中語」，按：陶集只得一首。此詩勸酒，語意平和；而百年世短，亦寓無限抑鬱之感。汪中極愛陶詩，故《雨盦書翰集》中亦多甄錄寄意之什。一九八九年《余閑軸》云：

余閑居愛重九之名，秋菊盈園，而持醪靡由，空服九華，寄懷於言。此淵明《九日閑居》詩序。九日佳節而無酒，其貧可知。歛襟獨閑謠，世短意恆多，乃從容自適可愛也。戊辰除日，雨盦書於古歡室。

九華即菊花，服猶餐也；有花無酒，故云空服。同日《辛丑軸》云：「此陶公斜川詩序，所謂風華清靡者也。戊辰歲除日。」又《歸去來序小字軸》跋稱陶公眞意在酒，亦有強烈的世亂憂患的感覺。

明文辭隱含酸辛，家貧缾無儲粟，又何顏以對童稚。諸侯以惠愛爲德，既又不能矯厲，爲吏救貧，而又云公田足以爲酒，是公之意眞在酒矣。深媿平生，是其中心終不能改。嗟乎世亂，文士之失職者多矣，又何以還我初服耶。錄陶公文誦之，亦悵然慷慨，弗能自已。甲戌（一九九四）九月十三日，汪中書於大度山之靜寄東軒。

又《毛詩横披》云：

毛詩歌伐檀。慨乎置河干。想彼不稼穡，或以風在官。勞勞貧家子，騷屑怨素餐。夙昔多辛勤，不得保歲寒。慚媿爲一儒，念念汗吾顏。端坐日已暮，惻惻還閉關。寓韓和陶之作，詩境清寂，大度山中或亦旦暮遇之。

《汪中書法集》有《行書八條屏》，抄寫陶潛《停雲》、《時運》、《榮木》三詩，跋云：「東坡云：余聞江州東林寺有陶集，得之，字大紙厚。每體中不佳，輒以取讀，不過一篇，惟恐讀盡後無以自遣耳。其言可念。」③這眞是一段奇文，蘇軾鍾情於陶詩，不但用以治療心疾；而且嚴格控制藥量，每次限讀一篇，怕讀完後無詩可讀，也就無藥可治了。蘇軾多和陶詩，汪中亦有《雨盦和陶詩》一冊。和陶其實也就是觀照自我，富於意趣，自然也引發出陶詩的無窮魅力了。

揚州采風

一九九〇年秋，汪中遊覽揚州。其《揚州絕句》六首，談詩論畫，搖曳有致；人物采光，風華絕代。一點春心，大抵是得於江山之助了。

十里珠簾荳蔻梢。司勳年少絕嬌嬈。窺江胡馬蕭條甚，瘦盡楊枝與細腰。

平山闌檻會群賢。太守風流古所傳。山色有無人事改，波心皓月蕩清圓。

廿四橋邊廿四風。憑闌馳想吉金農。愛他妙筆刊詩集，柳絮飛來片片紅。

復堂水墨劇淋漓。裂畫心情絕可悲。出郭此間堪歇腳，蕭條猶恨不同時。

春風畫竹竹西亭。尚見淮南一片青。都是板橋留粉樂，遠山含笑絕娉婷。

綠楊城郭自逶迤。白馬朱荷畫舫遲。林木依然似圖畫，令人長憶衍波詞。

其一欽羨杜牧風流，中間插入姜夔詞句，則以歷史影射現實感覺了。其二化用歐陽修詞境，但結尾兩句卻別出新意，人生有限，皓月長圓。其三金農別號金吉金，以詩書畫名家；金農以妙筆刊定詩集，而汪老師亦已出版兩種了。其四寫李鱓，鄭燮說他「窮途賣畫畫益賤，庸兒賈豎論是非。昨畫雙松半未成，醉來怒裂澄心紙。」遭遇可悲。其五鄭燮有寄招哥詩云：「十五娉婷嬌可憐。憐渠尚少四三年。宦囊蕭瑟音書薄，略寄招哥買粉錢。」其六色彩繽紛，汪中又由綠楊城郭而想及王士禛的名作了。

【註　釋】

① 汪中《詩書翰墨香—汪中書法集》，臺北：清韻國際事業股份有限公司，一九九二年四月。《汪中書翰集》第二集，臺北：華正書局有限公司，一九九五年一月。

② 呂碧城：《呂碧城集》，上海：中華書局，一九二九年九月。《曉珠詞》，臺北：廣文書局影本，一九七〇年十月。

③ 引文略有出入，案蘇軾題跋《書淵明羲農去我久詩》云：「余聞江州東林寺，有陶淵明詩集，方欲遣人求之；而李江州忽送一部遺余，字大紙厚，甚可喜也。每體中不佳，輒取讀，不過一篇，惟恐讀盡後無以自遣耳。」《蘇軾文集》，孔凡禮點校，北京：中華書局，一九八六年三月，卷六七，頁二〇九一。

（原載《東方詩話論叢》，頁七二三—七三四，太學社，漢城，一九九六年五月。）

詩境構擬

詩是文學，也就是一種語言的藝術。任何藝術都必然是創造的。創造源於天工，是神無中生有的本事；創造亦出人事，指人有將現實材料與形式技巧結合成藝術的能力。中國古典詩詞音韻諧婉，意境渾成，含蓄優美，精光四射，更是傳統藝術中的極品。就算到了今天，新詩比較流行，但古典詩詞仍然有她活躍的生命力、深刻的表現力、神秘的吸引力、以至迷人的魅力等，可以傳諸不朽。讀詩悟究天人之際，參透大千世態，推己及人，美化心靈；所以傳統詩論多從「言志」和「緣情」著眼，關心現實世界，反映時代風姿，表現莊嚴的生命，創造優美的意境，心畫心聲，喚起共鳴。此外讀詩也可以認識歷史文化，提高美學境界，陶冶性情，充實學養，自然也是很有意義的思維活動了。

詩與語言同步誕生。人類理智的時候用日常語言的語式表達就夠了；激動的時候則用歌舞詠歎的詩式來宣洩感情。運用得當可以保持心理平衡。換句話說，詩式表達是憂患意識的呈現，主要反映了詩人敏銳的直覺感受和獨特的生活體驗，將個人和社會、民族、國家以至整個大自然的命運聯繫起來，表現出特殊的需要。此外，詩又表現了詩人的氣質、品性、學養和襟抱。可以過濾感情，調整節奏，美化意象，表現整體的藝術效應；讀者透過作品中的節奏和意象去感受詩人的創作激動和心靈境界，再經由想像醞釀新的感覺，完成美的創造。可見詩人和讀者都得靠意象聯繫，呈現境界；因情顯象，因象見意。王國維《人間詞話》說：「詞以境界爲上。有境界則自成高格，自有名句。五代北宋之詞所以獨絕者在此。」又說：「有造境，有寫境，此理想與寫實二派之所由分。然二者頗難分別。因大詩人所造之境，必合乎自然；所寫之境，亦必鄰於理想故也。」王國維的境界，古人或稱意境。佛家所謂境者指心之所遊履攀援者，有色境，有法境；而境界（visaya）原指自家勢力所及之境土；又指我得之果報界域。①意境亦是佛家術語，也就是法相（現象界）十八界中的意識界，詩詞中的意境側重於整體的構思和意蘊，創造完美涵渾的藝術形象。王昌齡《詩格》稱詩有三境，即物境、情境和意境，各有造詣；現在我們再加上事境和理境，合成一個完整的體系，構擬詩境。

本文擬將詩境分爲五種類型：一爲物境，反映生活細節；二爲情境，抒發感情想像；三爲事境，描寫時代風貌；四爲意境，表現心靈世界；五爲理境，刻劃人生理趣。萬物森然，莫不具理，詩以理境爲高，自亦通於前四境。理境不爲形相所限，囊括萬有，無所不包，則詩境人境，亦闡發無遺了。本文各舉名作四首爲例，詮釋境界，發揮美感，體會不同的藝術意趣。

物境反映生活細節

詩源於生活，表現生活，生活也就是柴米油鹽，倫常日用，不必刻意求深。鍾嶸《詩品序》說：

「至於吟詠情性，亦何貴於用事？『思君如流水。』既是即目；『高臺多悲風』，亦惟所見；『清晨登隴首』，羌無故實；『明月照積雪』，詎出經史？觀古今勝語，多非補假，皆由直尋。」②我們讀詩寫詩，亦不妨從這條途徑入門，因事見意，因景生情，表現單一意象，自然搖曳。

(1)王維《雜詩》：「君自古鄉來，應知故鄉事。來日綺窗前，寒梅著花未？」

(2)孟浩然《春曉》：「春眠不覺曉。處處聞啼鳥。夜來風雨聲，花落知多少？」

(3)賀知章《回鄉偶書》：「少小離家老大回。鄉音無改鬢毛催。兒童相見不相識，笑問客從何處來？」

(4)李白《贈汪倫》：「李白乘舟將欲行。忽聞岸上踏歌聲。桃花潭水深千尺，不及汪倫送我情。」

這一批耳熟能詳的唐詩用的都是最尋常的口語，完全不用典故，比我們很多現代詩好懂。這些詩雖然說是隨手拈來，順口吟成，表面上全不著意，其實卻蘊藏了詩人深刻的人生體驗，剪裁得宜，所以能在短小的篇章中包籠萬有，體察人情。例如王維思鄉心切，寒梅著花即包攬一切人事，而體物入微，即小見大。孟浩然借花落以惜春，可以聽到詩人心跳的脈搏。賀知章則創造了一幅溫馨感人的畫面，千百年來打動了多少遊子的鄉情？李白飲飽食醉之餘，忽見汪倫來送行，也就寫下這首千秋傳誦的名詩，千尺潭水只是誇張手法，但用來形容一霎衝動的驚喜卻恰如其分。其實這些詩哪一首不是一時的感覺？哪一首不是生活的感覺？詩人的巧妙就在於他能運用最尋常的語言，描寫生活，捏成簡單精美的意象，感動讀者，開拓心靈境界。

情境抒發感情想像

有些詩不求甚解，只宜朗讀低吟，體會聲情之美，浮想聯翩，捕捉八荒之象，自能進入神秘幽玄的心靈空間。嚴羽論詩重在妙悟與興趣，詩外求詩，意即在此。《滄浪詩話・詩辨》云：「夫詩有別材，非關書也；詩有別趣，非關理也。而古人未嘗不讀書，不窮理，所謂不涉理路，不落言筌者③，上也。詩者，吟詠性情也。盛唐詩人惟在興趣，羚羊掛角，無跡可求。故其妙處瑩徹玲瓏，不可湊泊，如空中之音，相中之色，水中之月，鏡中之象，言有盡而意無窮。」

(5)《詩經・周南・芣苢》：「采采芣苢，薄言采之。采采芣苢，薄言有之。采采芣苢，薄言掇之。采采芣苢，薄言捋之。采采芣苢，薄言袺之。采采芣苢，薄言襭之。」

(6)李商隱《錦瑟》：「錦瑟無端五十絃。一絃一柱思華年。莊生曉夢迷蝴蝶，望帝春心託杜鵑。滄海月明珠有淚，藍田日暖玉生煙。此情可待成追憶，只是當時已惘然。」

(7)溫庭筠《瑤瑟怨》：「冰簟銀床夢不成。碧天如水夜雲輕。雁聲遠過瀟湘去，十二樓中月自明。」

(8)秦觀《浣溪沙》：「漠漠輕寒上小樓。曉陰無賴似窮秋。淡煙流水畫屏幽。　自在飛花輕似夢，無邊絲雨細如愁。寶簾閒挂小銀鉤。」

《芣苢》兩句一組，反覆詠唱；每兩句換一個動詞，分別是「采」和「有」（古韻之部）、「掇」和「捋」（古韻月部）、「袺」和「襭」（古韻質部）三組，兩兩押韻。「采采」可以解作動詞採呀採呀，也可以看作形容詞鮮明茂盛貌；「芣苢」又稱車前草，其籽可治婦女不孕和難產。這大概是一首山村民歌，婦女一邊採摘芣苢一邊歌唱，一片天籟，可能沒有甚麼深意，漢代學者發揮微言大義固然可以解釋詩意的深層結構④；我們一般讀者不求甚解，只要反覆誦讀，相信也可以領略詩中自然濃郁的田園氣息。李商隱的《錦瑟》詩根本無人能解，解也未必解對。例如有人說莊生句是悼王氏婦，望帝句乃悼亡後應柳仲郢東蜀之辟；滄海句喻李德裕毅魄久已與珠海同枯，藍田句指令狐綯相業赫赫等，固然可備一說。或稱莊生二句寫錦瑟哀音似訴，眞幻迷離；滄海二句寄託詩人高貴的本質，即陸機《文賦》所謂「石韞玉而生輝，水懷珠而川媚」之意，全首合起來即有生離死別之恨，而兩情不變。其實無論我們怎樣讀，無論我們懂與不懂，詩中的聲情和意象都會觸發我們豐富的聯想，帶給我們永恆的思考。這份對愛情生死不渝，對生命義無反顧的執著，自能在我們反覆誦讀中透出一絲凄然之美。溫庭筠的《瑤瑟怨》，亦是描寫聽瑟感覺，雁聲也就是形容瑟音，全詩聲情流動，剔透玲瓏，銀光如水，自有悠然不盡之感。秦觀的《浣溪沙》更是一首絕唱，上片寫畫境，一片清幽；下片「自在」二句聲音諧婉，設想新奇，意淺情深，而且恰到好處；結句閒挂化動爲靜，天地凝止，有將良辰美景永恆留住的感覺。

事境描寫時代風貌

詩必然反映時代，但詩人不能處處以時代爲高懸的鵠的，刻意反映，過於造作。時代是整體，個人的生活和思想最終也必然融入時代之中，事理具在，情眞景足，自然流露，允稱佳作。我們不應寫一些無關痛癢的題材，吟風弄月；也不應強迫自己寫一些不熟悉的題材，虛應政治。其實前人也有大量的飲讌詩，諛墓文，虛情假意，糟塌性靈！此外詩詞作品都要有所寄託，但這只是果而不是因，否則虛假造作，使人生厭。況周頤《蕙風詞話》嘗論寄託云：「詞貴有寄託。所貴者流露於不自知，觸發於弗克自已。身世之感，通於性靈。即性靈，即寄託，非二物相比附也。橫亙一寄託於搦管之先，此物此志，千首一律，則是門面語耳，略無變化之陳言耳。於無變化中求變化，而其所謂寄託，乃益非眞。昔賢論靈均書辭，或流於跌宕怪神，怨懟激發，而不可以爲訓，必非求變化者之變化矣。夫詞如唐之《金荃》，宋之《珠玉》，何嘗有寄託，何嘗不卓絕千古，何庸爲是非眞之寄託耶？」寄託的目的是希望言之有物，反映時代精神，所貴者自然流露；偶然寫一兩篇讀者尙可接受，假如篇篇都是同一主題，無論多麼健康，多麼寫實，可能也成了陳腔濫調，口號八股。抗戰時梁實秋主編重慶《中央日報》副刊，論云：「現在抗戰高於一切，所以有人一下筆就忘不了抗戰。我的意見稍爲不同，於抗戰有關的材料，我們最爲歡迎；但是與抗戰無關的材料，只要眞實流暢，也是好的，不必勉強把抗戰截搭上去。至於空洞的『抗戰八股』，那是對誰都沒有益處的。』這是很有見地的觀點，卻被左派文人曲解爲「與抗戰無關論」，招致猛烈的圍攻，梁氏憤然辭職。其實圍攻者對詩文創作一無所知，將文學創作看成了政治宣傳，連寫實的意義也談不上，不值一哂。

(9)《樂府・東門行》：「出東門，不顧歸。來入門，悵欲悲。盎中無斗米儲。還視架上無懸衣。

拔劍東門去，舍中兒母牽衣啼。他家但願富貴，賤妾與君共餔糜。上用倉浪天故，下當用此黃口兒。今非。咄，行，吾去爲遲。白髮時下難久居。」

⑽陶潛《責子》：「白髮被兩鬢，肌膚不復實。雖有五男兒，總不好紙筆。阿舒已二八，懶惰故無匹。阿宣行志學，而不愛文術。雍端年十三，不識六與七。通子垂九齡，但覓梨與栗。天運苟如此，且進杯中物。」

⑾杜甫《自京赴奉先縣詠懷五百字》：「北轅就涇渭，官渡又改轍。群水從西下，極目高岸兀。疑是崆峒來，恐觸天柱折。河梁幸未折，枝撐聲窸窣。行旅相攀援，川廣不可越。老妻寄異縣，十口隔風雪。誰能久不顧，庶往共飢渴。入門聞號咷，幼子餓已卒。吾寧捨一哀，里巷亦嗚咽。所愧爲人父，無食致夭折。豈知秋未登，貧窶有倉卒。生常免租稅，名不隸征伐。撫跡猶酸辛，平人固騷屑。默思失業徒，因念遠戍卒，憂端齊終南，澒洞不可掇。」

⑿關漢卿《感天動地竇娥冤》第三折《滾繡球》：「有日月朝暮懸。有鬼神掌著生死權。天地也，只合把清濁分辨。可怎生糊突了盜跖顏淵。爲善的受貧窮更命短。造惡的享富貴又延壽。天地也，做得個怕硬欺軟。卻原來也這般順水推船。地也，你不分好歹何爲地；天也，你錯勘賢愚枉做天。哎，只落得兩淚漣漣。」

讀到了這些悲劇作品，又怎能說文學不反映時代呢？《東門行》寫漢朝的貧賤夫妻，無衣無食，做丈夫的打算取劍往東門搶劫，做妻子的苦苦挽留，表示願意捱苦，但以後的日子又怎樣過呢？詩人看來也無能爲力，只說「白髮時下難久居」，一片無奈之情。陶潛的《責子》更是充滿諷刺自嘲的意味，五個兒子都不愛讀書，詩人又有甚麼辦法呢？最後只好借酒消愁了。杜甫寫的是天寶十四載十一月安祿山起兵作亂前夕大唐盛世的面貌，全詩分三段；第一段寫個人的志節；第二段寫杜甫借路過驪山的情節表現貧富不均的慘象，朝廷荒淫，鞭撻聚斂，詩云：「朱門酒肉臭，路有凍死骨。榮枯咫尺異，惆悵難再述。」這四句清楚地揭示了動亂的肇因，這不是「詩史」又是甚麼？本文節錄了全詩的第三段，可見在一個不幸的時代裏，個人是不能倖免的，杜甫千辛萬苦，攀山越嶺的回家，而幼子竟然等不及父親回來就餓死了，蒼天不仁，情何以堪！杜甫的偉大是他能將個人和時代的命運緊密地結合起來，他關懷的不只是個人的憂戚，而是推己及人的寫出了時代的心聲。此詩雖是紀行言志之作，卻有嚴肅的報告文學的意味，從此也影響了杜甫整個詩風的發展。關漢卿借竇娥的冤獄指天罵地，大發牢騷，其實骨子裏卻是直斥元代奸官的暴行，貪贓枉法，殘害忠良。讀這些詩都使人低迴不已，容易喚起共鳴，鑑古推今，知所警戒，反映時代心聲，有淨化人心的作用。孔子論詩有興觀群怨之說，一首詩寫的雖是個人所見所感，但也不能忽視在傳誦過程中的教化作用。

意境表現心靈世界

詩詞作品以表現境界爲上，反映現實可能只是較低的層次。傳統的詩人多以草木蟲魚爲素材及用風雅比興的手法來蘊釀感情，營造意象，發揮想像，深化意境，刻劃精緻淵微的內心世界，建立溫柔敦厚的人性秩序。境界是自我的，不可能有王國維所說的「無我之境」出現⑤。東籬南山和寒波白鳥只能映襯詩人的思維感覺，而非以物觀物。況周頤認爲只有善感善覺的「詞心」，然後才有所感所覺的「詞境」，準確的指出了詩詞創作的特點。《蕙風詞話》論詞心云：「吾聽風雨，吾覽江山，常覺風雨江山外有萬不得已者在。此萬不得已者，即詞心也。而能以吾言寫吾心，即吾詞也。此萬不得已者，由吾心醞釀而出，即吾詞之眞也，非可彊爲，亦無庸彊求。視吾心之醞釀何如耳。吾心爲主，而書卷其輔也。書卷多，吾言尤易出耳。」又論詞境云：「人靜簾垂，鐙昏香直，窗外芙蓉殘葉颯颯作秋聲，與砌蟲相和答。據梧冥坐，湛懷息機，每一念起，輒設理想排遣之。乃至萬緣俱寂，吾心忽瑩然開朗如滿月，肌骨清涼，不知斯世何世也。斯時若有無端哀怨棖觸於萬不得已；即而察之，一切境象全失，唯有小窗虛幌、筆床硯匣，一一在吾目前。此詞境也。三十年前，或月一至焉。今不可復得矣。」這大概是傳統詩人所寤寐以求的藝術境界，乃是源於一點萬不得已的詞心，在湛懷息機，萬緣俱寂中自然醞釀而出，不可強求。

⒀陶潛《飲酒》：「結廬在人境，而無車馬喧。問君何能爾，心遠地自偏。採菊東籬下，悠然見南山。山氣日夕佳，飛鳥相與還。此中有眞意，欲辯已忘言。」

⒁柳宗元《江雪》：「千山鳥飛絕。萬徑人蹤滅。孤舟蓑笠翁，獨釣寒江雪。」

⒂晏殊《浣溪沙》：「一曲新詞酒一杯。去年天氣舊池臺。夕陽西下幾時回。　無可奈何花落去，似曾相識燕歸來。小園香徑獨徘徊。」

⒃馬致遠《越調・天淨沙》：「枯藤老樹昏鴉。小橋流水人家。古道西風瘦馬。夕陽西下。斷腸人在天涯。」

這些都是人所共知的名作。大抵他們用的都是最普通的素材去構建自我的心靈境界，例如陶潛只是很隨意的刻劃眼前的景色，在最普通的人境中追尋眞我，醞釀詩境，給後人開出無限法門，影響巨大。柳宗元的佈局也非常簡單，他要塑造一個幽絕夐寂的廣闊空間，刻意突出茫茫天地中的漁翁，孤懷獨往，寫的也還是個人內心的掙扎，有永恆的象徵意義。晏殊寫天氣的感覺，他生活於一片太平風月之中，無欲無求；但心潮中偶然吹起的漣漪，不期然的也轉化爲藝術的意境了。馬致遠也只是安排一組畫面，由讀者自己完成想像，個人經驗與景物構圖給作品以新的詮釋，啓發意境，不必跟作者一致。

理境刻劃人生理趣

詩以境界爲上，而理境更包攝物境、情境、事境、意境諸端，萬法無常，榮悴有時，秩序森然，至理具在。蘇文擢《中國文學的特質》一文以事、景、情、理四端爲文學要素，論云：「予常謂即事而寫景，即景而起情，因情以寓理，其層次乃逐步提昇。不朽之辭，往往四者咸備。」蘇氏又云：「乃若李後主之流水落花春去也天上人間，王靜安至許爲釋迦基督擔荷人類罪惡之意，縱或過甚其辭，然而此十一字中，已勾畫宇宙人生，萬法無常之哲理。」可見詩之理境，必合乎人倫物事，情意兼備，圓融無礙，始稱佳製。理境注重理趣，而不是乾枯的議論說理；如果注入太多非詩的因素，道德性命，聖教人倫，大聲鏜鎝，不見得就能感人。沈德潛《清詩別裁集·凡例》云：「詩不能離理，然貴有理趣，不貴下理語。」雖說一語中的，但分寸之間，有時也很難掌握。朱熹《觀書有感》云：「半畝方塘一鏡開。天光雲影共徘徊。問渠那得清如許，爲有源頭活水來。」「昨夜江邊春水生。艨艟巨艦一毛輕。向來枉費推移力，此日中流自在行。」這兩首詩發揚哲理，久享盛譽，就因爲能用形象的語言寫出了讀書境界；可惜失之著意，理趣欠足。理境之理絕不能由作者拈出，我們要尊重讀者的感覺。理境與意境往往相通，大抵意境多是詩人主觀的構想；而理境則還原爲客觀的哲思，耐人尋味。

⒄王維《辛夷塢》：「木末芙蓉花，山中發紅萼。澗户寂無人，紛紛開且落。」

⒅李煜《浪淘沙令》：「簾外雨潺潺。春意闌珊。羅衾不耐五更寒。夢裏不知身是客，一餉貪歡。獨自莫憑闌。無限江山。別時容易見時難。流水落花春去也，天上人間。」

⒆蘇軾《定風波》：「莫聽穿林打葉聲。何妨吟嘯且徐行。竹杖芒鞋輕勝馬。誰怕。一簑煙雨任平生。料峭春風吹酒醒。微冷。山頭斜照卻相迎，回首向來蕭瑟處。歸去。也無風雨也無晴。」

⒇羅大經《鶴林玉露》引無名氏詩：「盡日尋春不見春。芒鞋踏破隴頭雲。歸來笑拈梅花嗅，春在枝頭已十分。」

王維的輞川世界一片天機，不關人事；花開花落，自然流轉。王維詩沒有甚麼深意，他只是如實地寫出了璀璨的春山。李煜將興亡的體會化成了人生普遍的經驗，表現生離死別的哀痛和無奈，發人深省，振觸無端；尤其是「流水落花春去也，天上人間」一句，一切隨春而去，但去哪裏呢？天上乎？人間乎？詩人的命運不由人意安排，但詩人的境界卻可以自我驅遣，形象豐滿，寓意深刻。蘇軾塑造了一個無雨無晴的世界，沿途的街景似曾相識，這也是我們的日常世界，不勞遠求，自然容易喚起共鳴了。無名氏給喧鬧的人生當頭棒喝，我們費盡機心，著意安排，一切終歸徒然；春在枝頭，梅花含笑，可惜我們偏就看不到眼前的世界。這幾首詩都寫出了生活的哲思，很容易參透。言外之意雖然重要，但形神圓滿，更是具足的生命。

【註釋】

① 丁福保《佛學大辭典》。其下續云：「《無量壽經》上曰：比丘白佛，斯義弘深，非我境界。又《楞伽經》九曰：我棄內證智，妄覺非境界。」臺北：新文豐出版股份有限公司，一九八五年六月四版。

② 諸例分別爲徐幹《室思》、曹植《雜詩》、張華佚詩（《北堂書鈔》卷一五七引）及謝靈運《歲暮》句。

③ 《莊子・外物》：「筌者所以在魚，得魚而忘筌；蹄者所以在兔，得兔而忘蹄；言者所以在意，得意而忘言。」蘇軾《琴詩》云：「若言琴上有琴聲，放在匣中何不鳴？若言聲在指頭上，何不於君指上聽？」我們固不能執著於物，也不能執著於象，莊、蘇理趣相近，都是深於詩者的體會。

④ 《詩小序》：「芣苢，后妃之美也。和平，則婦人樂有子矣。」

⑤ 王國維《人間詞話》：「有有我之境，有無我之境。『淚眼問花花不語，亂紅飛過秋千去。』『可堪孤館閉

春寒，杜鵑聲裏斜陽暮。』有我之境也。『采菊東籬下，悠然見南山。』『寒波澹澹起，白鳥悠悠下。』無我之境也。有我之境，以我觀物，故物皆著我之色彩。無我之境，以物觀物，故不知何者爲我，何者爲物。古人爲詞，寫有我之境者爲多，然未始不能寫無我之境，此在豪傑之士能自樹立耳。」

（原載《孔孟月刊》第三四卷第三期，頁二六—三一，臺北：一九九五年十一月。）